本书出版获得中国社会科学院大学中央高校基本科研业务费资助支持
本书为司法部法治建设与法学理论研究部级科研项目"民事诉讼合并研究"成果

中国社会科学院大学文库

民事诉讼客观合并研究

李 静 著

社会科学文献出版社
SOCIAL SCIENCES ACADEMIC PRESS (CHINA)

中国社会科学院大学文库学术研究系列编辑委员会

主　任　　高文书

副主任　　林　维　张　波　张　斌

编　委　　（按姓氏笔画排）

　　　　　　王　炜　向　征　刘　强　刘文瑞　杜智涛

　　　　　　李　俊　何庆仁　张　涛　张菀洺　陈洪波

　　　　　　罗自文　赵一红　赵　猛　皇　娟　柴宝勇

　　　　　　徐　明　高海龙　谭祖谊

"中国社会科学院大学文库"
总　序

恩格斯说："一个民族要想站在科学的最高峰，就一刻也不能没有理论思维。"人类社会每一次重大跃进，人类文明每一次重大发展，都离不开哲学社会科学的知识变革和思想先导。中国特色社会主义进入新时代，党中央提出"加快构建中国特色哲学社会科学学科体系、学术体系、话语体系"的重大论断与战略任务。可以说，新时代对哲学社会科学知识和优秀人才的需要比以往任何时候都更为迫切，建设中国特色社会主义一流文科大学的愿望也比以往任何时候都更为强烈。身处这样一个伟大时代，因应这样一种战略机遇，2017年5月，中国社会科学院大学以中国社会科学院研究生院为基础正式创建。学校依托中国社会科学院建设发展，基础雄厚、实力斐然。中国社会科学院是党中央直接领导、国务院直属的中国哲学社会科学研究的最高学术机构和综合研究中心，新时期党中央对其定位是马克思主义的坚强阵地、党中央国务院重要的思想库和智囊团、中国哲学社会科学研究的最高殿堂。使命召唤担当，方向引领未来。建校以来，中国社会科学院大学聚焦"为党育人、为国育才"这一党之大计、国之大计，坚持党对高校的全面领导，坚持社会主义办学方向，坚持扎根中国大地办大学，依托社科院强大的学科优势和学术队伍优势，以大院制改革为抓手，实施研究所全面支持大学建设发展的融合战略，优进优出、一池活水，优势互补、使命共担，形成中国社会科学院办学优势与特色。学校始终把立德树人作为立身之本，把思想政治工作摆在突出位置，坚持科教融合、强化内涵发展，在人才培养、科学研究、社会服务、文化传承创新、国际交流合作等方面不断开拓创新，为争创"双一流"大学打下坚实基础，积淀了先进的发展经验，呈现出蓬勃的发展态势，成就了今天享誉国内的"社科大"品牌。"中国社会科学院大学文库"就是学校倾力打造的学术品牌，如果将学校之前的学术研究、学术出版比作一道道清澈的溪流，"中国社会科学院大学文库"的推出可谓厚积薄发、百川归海，恰逢其时、意义深远。为其作序，我深感荣幸和骄傲。

高校处于科技第一生产力、人才第一资源、创新第一动力的结合点，是新时代繁荣发展哲学社会科学，建设中国特色哲学社会科学创新体系的重要组成部分。我校建校基础中国社会科学院研究生院是我国第一所人文社会科学研究生院，是我国最高层次的哲学社会科学人才培养基地。周扬、温济泽、胡绳、江流、浦山、方克立、李铁映等一大批曾经在研究生院任职任教的名家大师，坚持运用马克思主义开展哲学社会科学的教学与研究，产出了一大批对文化积累和学科建设具有重大意义、在国内外产生重大影响、能够代表国家水准的重大研究成果，培养了一大批政治可靠、作风过硬、理论深厚、学术精湛的哲学社会科学高端人才，为我国哲学社会科学发展进行了开拓性努力。秉承这一传统，依托中国社会科学院哲学社会科学人才资源丰富、学科门类齐全、基础研究优势明显、国际学术交流活跃的优势，我校把积极推进哲学社会科学基础理论研究和创新，努力建设既体现时代精神又具有鲜明中国特色的哲学社会科学学科体系、学术体系、话语体系作为矢志不渝的追求和义不容辞的责任。以"双一流"和"新文科"建设为抓手，启动实施重大学术创新平台支持计划、创新研究项目支持计划、教育管理科学研究支持计划、科研奖励支持计划等一系列教学科研战略支持计划，全力抓好"大平台、大团队、大项目、大成果"等"四大"建设，坚持正确的政治方向、学术导向和价值取向，把政治要求、意识形态纪律作为首要标准，贯穿选题设计、科研立项、项目研究、成果运用全过程，以高度的文化自觉和坚定的文化自信，围绕重大理论和实践问题展开深入研究，不断推进知识创新、理论创新、方法创新，不断推出有思想含量、理论分量和话语质量的学术、教材和思政研究成果。"中国社会科学院大学文库"正是对这种历史底蕴和学术精神的传承与发展，更是新时代我校"双一流"建设、科学研究、教育教学改革和思政工作创新发展的集中展示与推介，是学校打造学术精品、彰显中国气派的生动实践。

"中国社会科学院大学文库"按照成果性质分为"学术研究系列""教材系列""思政研究系列"三大系列，并在此分类下根据学科建设和人才培养的需求建立相应的引导主题。"学术研究系列"旨在以理论研究创新为基础，在学术命题、学术思想、学术观点、学术话语上聚焦聚力，推出集大成的引领性、时代性和原创性的高层次成果。"教材系列"旨在服务国家教材建设重大战略，推出适应中国特色社会主义发展要求、立足学术和教学前沿、体现社科院和社科大优势与特色、辐射本硕博各个层次，涵盖纸质和数字化等多种载体的系列课程教材。"思政研究系列"旨在聚焦重大理论问题、工作探索、实践经验等领域,推出一批思想政治教育领域具有影响力的理论和实践研究成果。文库将借助与社会科学文献出版社的战略合作,加大高层次成果的产出与传播。既突出学术研究的理论性、学术性和创新性,推出新时代哲学社会科学研究、教材编写和思政研究的最新理论成果;又注重引导围绕国家重大战略需求开展前瞻性、针对性、储备性政策研究,推出既通"天线"、又接"地气",能有效发挥思想库、智囊团作用的智库研究成果。文库坚持"方向性、开放式、高水平"的建设理念,以马克思主义为领航,严把学术出版的政治方向关、价值取向关、学术安全关和学术质量关。入选文库的作者,既有德高望重的学部委员、著名学者,又有成果丰硕、担当中坚的学术带头人,更有崭露头角的"青椒"新秀;既以我校专职教师为主体,也包括受聘学校特聘教授、岗位教师的社科院研究人员。我们力争通过文库的分批、分类持续推出,打通全方位、全领域、全要素的高水平哲学社会科学创新成果的转化与输出渠道,集中展示、持续推广、广泛传播学校科学研究、教材建设和思政工作创新发展的最新成果与精品力作,力争高原之上起高峰,以高水平的科研成果支撑高质量人才培养,服务新时代中国特色哲学社会科学"三大体系"建设。

历史表明,社会大变革的时代,一定是哲学社会科学大发展的时代。当代中国正经历着我国历史上最为广泛而深刻的社会变革,也正在进行着人类历史上最为宏大而独特的实践创新。这种前无古人的伟大实践,必将给理论创造、学术繁荣提供强大动力和广阔空间。我们深知,科学研究是永无止境的事业,学科建设与发展、理论探索和创新、人才培养及教育绝非朝夕之事,需要在接续奋斗中担当新作为、创造新辉煌。未来已来,将至已至。我校将以"中国社会科学院大学文库"建设为契机,充分发挥中国特色社会主义教育的育人优势,实施以育人育才为中心的哲学社会科学教学与研究整体发展战略，传承中国社会科学院深厚的哲学社会科学研究底蕴和40多年的研究生高端人才培养经验，秉承"笃学慎思明辨尚行"的校训精神，积极推动社科大教育与社科院科研深度融合，坚持以马克思主义为指导，坚持把论文写在大地上，坚持不忘本来、吸收外来、面向未来，深入研究和回答新时代面临的重大理论问题、重大现实问题和重大实践问题，立志做大学问、做真学问，以清醒的理论自觉、坚定的学术自信、科学的思维方法，积极为党和人民述学立论、育人育才，致力于产出高显示度、集大成的引领性、标志性原创成果，倾心培养又红又专、德才兼备、全面发展的哲学社会科学高精尖人才，自觉担负起历史赋予的光荣使命，为推进新时代哲学社会科学教学与研究，创新中国特色、中国风骨、中国气派的哲学社会科学学科体系、学术体系、话语体系贡献社科大的一份力量。

（张政文　中国社会科学院大学党委常务副书记、校长、中国社会科学院研究生院副院长、教授、博士生导师）

序

诉，是民事诉讼中最重要的制度之一，关于诉的理论也是民事诉讼理论中最重要的和最基础的理论之一，当然也是最复杂的理论板块（就民事诉讼中各理论板块的复杂性方面应该是唯一的）。论其基础性，关于诉的理论涉及诉这一制度的基本原理和原则，贯穿了民事诉讼的全过程；论其复杂性，是因为诉既涉及诉的主体，又涉及诉的客体。诉的存在也并非只是静止的，而是处于动态的、不断变化的过程中，且主体和客体又可能呈现为复数多样的形态。因此人们关于诉的认识也就构成了一个庞大的理论迷宫。可以想象，敢于进入这一"迷宫"，对其中的基础理论问题进行一番深入的探究，无疑是需要极大的勇气，需要投入极大的精力。

李静老师就是这样一位敢于走进这一理论迷宫、勇于进行探究的学者。呈现在读者面前的这本专著即李静老师对诉的一个重要方面——客体问题的研究成果，是其倾注心力的结晶。该研究对于我国民事诉讼基础理论的发展具有重要意义，充实和丰富了我国民事诉讼理论界对诉的客体问题的理论阐释，又因为其理论阐释与实践的密切联系，使理论阐释具有有效的指引，有助于推动我国司法实践的发展。

改革开放以来，我国民事诉讼制度发展迅速，各种诉讼规范不断生成，但应当承认的是，我国对民事诉讼基础的研究依然不够深入和广泛。无论是民事诉讼具体制度的建构，还是丰富的民事诉讼实践，都存在理论指引不足的情形。尽管以往我国理论界对国外的诉讼基础理论有所介绍，但由于缺乏与我国的语境以及司法实践紧密结合，对司法实践中呈现的问题缺乏针对性，因此总给人们一种隔靴搔痒之感。本书在这方面有了很大的进步，其对民事诉讼客观合并研究密切注意我国司法实践与理论问题之间的联系，在探究具体制度的实际运行时，尽可能通过实践案例，展现人们对相关问题的不同认识，并发现问题实质所在，探寻正确认识路径和方法。这一点在第四章"单纯合并、重叠合并与选择合并"中体现得尤为突出。

本书并非对国外或我国以往理论简单的介绍和梳理，而是有着自己的分析和独到的见解。例如关于诉讼标的的研究。诉讼标的理论是民事诉讼理论界公认的理论高地和险区，对其的研究很容易陷入复杂的理论迷城之中。李静老师有着清晰的认识，能够比较清醒地把握诉讼标的的认识路径，从而提出自己的见解。例如，李静老师指出，诉讼标的采用何种理论，涉及一国法律适用者对于其审理范围及裁判结果拘束力范围之法政策判断，有实体权利保护、诉讼法上诉讼经济及避免裁判矛盾等因素之衡量，具有公益性，须结合本国司法理念、实务经验而确定。实体法说考虑到诉讼法与实体法衔接功能，有关诉讼标的理论可以随实体法理论的发展变化而进行修正完善，并为其内涵赋予程序法上的制度价值，在我国法制初步完善、追求司法统一和稳定以及方便当事人诉讼的现实基础和需求下，实体法说优势明显，更为可取。而我国特色的法律关系说是域外学说与本国理论研究、立法与司法实践长期结合发展的产物，已被学界、实务界普遍接受，将给付之诉的审判对象理解为"先决权利关系＋请求权（们）"的整体法律关系，相较于请求权说，有程序增容的效果，在"案多人少"的语境下，更符合权利保护与一次解决纠纷的诉讼目标。出于稳定性、统一性的考虑以及自身优势的保持，目前仍应坚持这一学说。这样的认识结合了相应的语境，因此在诉讼理论的认识方面也就具有一定的自主性。

本书注重比较分析。关于诉的理论研究往往是从大陆法系的理论视角，主要是德国、日本的理论视角出发，因为诉本身作为一种制度，形式虽有所不同，但实质是相同的，在价值追求上也是相同的。因此，从法系之间展开比较也许能够更好地认识诉的这一制度，也更容易理解关于诉，无论是诉的主体还是诉的客体的理论基础和观点。本书对此有特别的关注和分析。例如对普通法系与大陆法系客观合并类型进行细致和深入的比较研究，指出制度差异的原因所在，并对是否可资借鉴提出结论性的观点。作者指出普通法系的诉讼合并类型繁多，为了一次性解决纠纷，容许各类主观合并、客观合并、交叉诉讼，将纯粹的同一当事人之间发生于一次纠纷事件/交易的纠纷强制合并，若当事人未及时提出审判请求，将发生失权效果，对当事人的诉讼能力和律师代理比例要求较高，我国目前还不宜借鉴。

我国当下论文"为王"的理论研究过于关注热点问题，对基础理论研究缺乏足够的重视，这必然会影响我国民事诉讼法今后的发展，民事诉讼基础理论研究的深化程度决定民事诉讼制度建构的体系化和科学化程度。基础理论的研究关涉制度的基本原理和原则，没有厘清基本原理和原则，则无法建构具有科学性和合理性的制度，因此，我希望学界，尤其是中青年学者能够更多沉浸于基础理论的研究，推动民事诉讼基础理论研究的不断深化，由此逐渐形成具有我国自主性的民事诉讼知识体系。就这一点而言，李静老师所为的理论探究是值得肯定和赞许的。

张卫平（烟台大学黄海学者、清华大学教授）

2024年12月10日于清华大学

摘 要

民事诉讼客观合并具有一次解决相同当事人之间的纠纷、提高诉讼效益、防止冲突裁判的效果，故各国立法均对诉讼客观合并予以规范。我国诉讼客观合并立法也有零星规定，但整体而言制度供给不足，学术研究未能给司法实务提供必要的理论支撑，实务界认同度不高、对当事人权益保护不够完善。实务中多见不鼓励或不接受当事人同类诉讼合并的要求、对请求权竞合采取"择一消灭"、对互斥的诉讼标的或请求以"诉讼请求不明确"为由不予受理等做法；即便同意诉讼合并，对合并的审判程序也未根据不同的合并类型加以区分和建设，有关实务处于野蛮生长的无序状态。笔者希望借助比较研究和实务考察，发现不同法域间诉讼客观合并的共通之处，结合我国法治特色，构建一个适于本土的完整、精简、不交叉、不遗漏的民事诉讼客观合并制度体系。这一制度体系以实现实体公正和程序正义为目标，建立在合理、自洽的理论基础之上，明确于立法，贯彻于司法实践，以实现客观合并的应有价值。

本书上篇旨在探讨诉的客观要素和客观合并的基本类型，下篇则注重分析各类型的客观合并之诉的特点和本土适应性。

客观诉讼合并研究需要从明确诉的客观要素着手。在我国，不论是立法的二元体例，还是学界观点和实务操作，都区分"诉讼标的"和"诉讼请求"，二者均被视为诉的客观要素。诉讼标的是当事人之间争议的请求人民法院解决的民事法律关系，这也是学界和实务界的主流观点，符合实践经验和司法政策，仍需坚持。法律关系的概念抽象，需要以个案中的要件事实为识别要素。而诉讼请求（即当事人基于诉讼标的而提出的具体权益主张）因为含义具体，在起诉条件，请求的放弃、变更、反驳，诉讼保全范围，判决书记载范围等方面发挥重要作用，指引当事人和法院的诉讼活动。诉讼标的和诉讼请求共同构成广义的审判对象，但前者是实质的客观要素，后者是形式的客观要素。因此，狭义的客观合并是指诉讼标的之合并；某些形式上呈并列或互斥关系的请求权，可能建立在多个假定的诉讼标的之上，这类诉讼请求的审判合并属于广义的客观合并。

我国诉讼标的之法律关系说相对于旧实体法说的"实体请求权"判断标准，具有程序增容性优势，但仍需以实体请求权作为基本分析要素。本书以给付之诉为主要研究对象，重点分析多重请求权现象下的诉讼合并问题。多重请求权是从实体法主观权利角度观察，民事主体对一个生活事实可能主张两个以上的请求权，一般指的是竞合的请求权。[①] 而从诉讼角度观察，审判程序是一个法律论证过程，当事人起诉时的请求权主张只是假设命题，即便当事人提出的多个请求权并非竞合关系，甚至属于矛盾关系，现代诉讼制度也不限制其进入审判范围。从诉讼为当事人提供尽可能充分的法律救济的意义上，多重请

---

① 依德国民法学家拉伦茨的总结，竞合型请求权包括排除性竞合、选择性竞合、请求权聚合和请求权竞合。

求权还应当包括提出补充型请求权①的情况。故本书所指诉讼上的多重请求权不仅包含实质的多重性，还包括外观呈现的多重性。

以多重请求权作为客观合并研究基点的好处是，随时可以将实体法体系和价值与诉讼程序目标及机制相结合去考察客观合并的必要性和可能性，为合并体系的探讨提供了具体、形象的参照。在此研究基础上，可以将客观合并分为单纯合并、重叠合并、选择合并、预备合并、竞合合并五个类型。

笔者运用了比较研究、价值分析、案例实证研究等方法对五个类型进行研究，惊喜地发现，域外理论和实务中存在的客观合并类型在我国均有实例对应，可见现代司法制度呈现高度相似性和正义思想共识，这实实在在地验证了"实践出真知"的道理。

客观预备合并最适于处理排斥性的诉讼标的（请求权）和请求权的选择性竞合问题，虽然也可以扩张适用于请求权竞合的案型，但因竞合合并之诉已经能够有效解决请求权竞合的实体和诉讼难题，预备合并只是锦上添花的备用方案而已。而选择合并理论的新发展认为，选择合并有过于照顾原告的利益且可能赋予法院专权的问题，那么，既然原本认为可适用于选择合并之诉的请求权竞合和选择性竞合案型可以通过预备合并、竞合合并加以解决，唯一不能被其他合并类型取代的就只余选择之债一种案型。若将选择之债的构成要件作为单一审理对象而非多个诉讼标的来理解，选择合并之诉就可以被消解，进而减少一类客观合并之诉。客观合并制度得以进一步精简，也就意味着

---

① 补充型给付原因的请求权之间，给付目的相同但法律规定的构成要件相互排斥同时其规范功能却又互相补充，使二者就相关联之事务的规范，构成相互补充、防止规范漏洞或空窗之完整的协作关系。典型的样态如无因管理与不当得利之互补关系。

更便于当事人理解和利用。

考虑到当事人有未利用诉讼客观合并之诉的可能,尤其是最具有合并利益的预备合并和竞合合并两种类型,本书也区分了未予合并的原因及前诉的裁判结果,给出应如何处理后诉的方案,力求有关方案既有理论支持,也符合民事审判实践经验,具备合理性和可接受性。

目 录

上篇　诉讼客观合并概论

第一章　诉的客观要素之诉讼标的 …………………………… 5
 第一节　诉讼标的理论的发展进程 …………………………… 5
 第二节　诉讼标的理论的有关学说 …………………………… 13
 第三节　我国的诉讼标的理论 ………………………………… 39
 小　结 …………………………………………………………… 56

第二章　诉的客观要素之诉讼请求 …………………………… 59
 第一节　我国诉讼请求的立法演变与含义 …………………… 59
 第二节　我国诉讼请求的法律要求 …………………………… 65
 第三节　诉讼请求与诉讼标的 ………………………………… 70
 小　结 …………………………………………………………… 76

第三章　诉讼客观合并概论 …………………………………… 77
 第一节　客观合并的功能与要件 ……………………………… 78
 第二节　客观合并的类型——以多重请求权为例 …………… 84
 第三节　诉讼合并的阐明 ……………………………………… 99
 小　结 …………………………………………………………… 101

下篇　诉讼客观合并各论

第四章　单纯合并、重叠合并与选择合并 …………… 106
　第一节　单纯合并 ………………………………………… 106
　第二节　重叠合并 ………………………………………… 112
　第三节　选择合并 ………………………………………… 115
　小　结 ……………………………………………………… 125

第五章　预备合并 ………………………………………… 126
　第一节　预备合并概述 …………………………………… 126
　第二节　预备合并之诉的中国实践 ……………………… 135
　第三节　预备合并之诉的审判 …………………………… 146
　第四节　未予预备合并时对后诉的审查 ………………… 159
　小　结 ……………………………………………………… 162

第六章　竞合合并 ………………………………………… 163
　第一节　请求权竞合的实体法效果 ……………………… 164
　第二节　诉讼标的理论对请求权竞合的回应 …………… 170
　第三节　我国请求权竞合的理念及实践 ………………… 175
　第四节　请求权竞合的诉讼合并 ………………………… 181
　第五节　未予竞合合并时对后诉的审查 ………………… 191
　小　结 ……………………………………………………… 194

参考文献 …………………………………………………… 195

上 篇
诉讼客观合并概论

若认为诉由主观要素和客观要素共同构成，诉讼客观合并就是在主观要素相同的前提下，对诉的客观要素的合并。民事诉讼法一般允许具有必要关联的客观要素的合并，此类合并可达到一次性解决纠纷、防止冲突裁判的效果。

构成一个独立之诉的基本因素被称为诉的要素，缺少任何一个要素，诉都是不完整的。诉的要素不同决定了诉的内容也不相同，导致诉的特定化并产生区别于其他诉的外在标志。[①] 就大陆法系诉的理论而言，诉的要素由诉的主观要素（主体）和诉的客观要素构成。诉的客观要素就是当事人争执和法院裁判的对象。

关于诉的要素，我国学界有不同看法。诉的二要素说有"诉讼理由与诉讼标的""当事人与诉讼标的"之分；诉的三要素说和四要素说都认为应当包含主观要素（当事人）和客观要素。在民事诉讼中，有无当事人和当事人是否合格是首先要判断的问题。无诉的主体，诉无从产生；诉的主体不合格，则诉不合法而会被驳回，无法获得法院的实质审理。至于诉的客观要素的内涵，三要素说有"诉讼理由和诉讼标的""诉讼请求和事实""诉讼请求和请求原因"等不同观点；四要素说则有"诉讼标的、诉讼请求和诉的理由""诉讼标的、诉讼请求和案件事实"等观点。[②] 笔者认为，我国诉的客观要素包括诉讼标的和诉讼请求，这不但反映于立法的区分及制度构建，也体现于实

[①] 谭兵、肖建华主编《民事诉讼法学》，法律出版社，2004，第72页。

[②] 汤维建：《民事诉讼法学》，北京大学出版社，2008，第72页；江伟、肖建国主编《民事诉讼法》，中国人民大学出版社，2015，第24页。

务中诉讼主体对诉讼请求的重视，甚至时常发生的对二者的混用和误用恰恰也在一定程度上说明了二者含义和功能的确存在差异，需密切联系对待。诉讼标的是当事人争议的请求法院裁判的民事法律关系，是以要件事实反映的法律关系，自然包含法律理由；而诉讼请求则是原告基于诉讼标的提出的寻求法院支持的具体权益主张，需要在起诉时予以明确并应在判决主文中得到回应。本书即在此认识基础上讨论诉的客观要素以及这两个要素之间的关系，诉讼客观合并也因此反映为诉的客观要素的合并，即争议的法律关系的合并和某些诉讼请求的合并和处置（这些形式上呈并列或互斥关系的请求权，可能建立在多个假定的诉讼标的之上，这类诉讼请求的审判合并也属于广义的客观合并）。

第一章
诉的客观要素之诉讼标的

诉讼标的是民事诉讼法上一个非常基础的概念，是指（实质的）诉讼/审判对象（Prozessgegenstand，亦称争讼客体［Streitgegenstand］），其相关理论贯穿于诉讼全程并作用于所有基本制度。诉讼标的在诉讼中的功能主要有六个方面：一是确定诉讼管辖的标准之一；二是确定既判力客观范围的标准；三是诉的变更的判断标准；四是诉的合并的判断标准；五是重复起诉的判断标准；六是请求原因之外的其他攻击、防御方法的确定标准。① 实务操作中诉讼对象的范围取决于立法规定和诉讼标的学说的指引。

第一节 诉讼标的理论的发展进程

系统的诉讼标的理论，围绕诉讼标的的内涵、范围、识别标准等问

---

① 〔日〕伊藤滋夫：《要件事实的基础——民事司法裁判结构》，许可、小林正弘译，法律出版社，2022，第6页。

题展开，主要集中于大陆法系具有代表性的德、日等国。普通法系也有诉讼标的（subject matter of action）这一术语，原告应将基于同一生活关系产生的相关纠纷一次提出，列为诉讼对象，但"并不是经常用于争议的法律关系或者原告向被告人提出的请求，只是在揭示某一级法院的权限范围（subject matter jurisdiction）时才使用它"①，因此，对于与德、日等国一样以法条为出发点考察诉讼的我国，大陆法系的诉讼标的理论更具有比较和参考价值。

日本民事诉讼法学者兼子一在研究古罗马以来民事诉讼的发展史后得出结论：在实体权利产生之前就有诉讼和解决纠纷的审判制度，民事纠纷的出发点和目的是要解决当事人之间的活生生的纠纷，实体法是专门为法院审判民事案件而制定的以供裁判的规范。② 这一认识符合早期民事诉讼和实体法的发展规律。诉讼产生和发展了实体法律，因而，诉讼标的也早于实体法上权利而产生和存在，并经历了实体权利阶段和诉讼法上独立发展阶段。

一 诉讼对象即私权（实体权利）阶段

罗马法认为民事诉讼是为了私人利益，因而属于私法的一部分。③"诉"（actio）是涉及私权与私权保护的最核心和基本的法律概念及

---

① 〔苏联〕B. K. 普钦斯基：《美国民事诉讼法》，江伟、刘家辉译，法律出版社，1983，第114页。转引自李龙《民事诉讼标的理论研究》，法律出版社，2003，第2页。
② 〔日〕兼子一、竹下守夫：《民事诉讼法》，白禄铉译，法律出版社，1995，译者前言。
③ 周枏：《罗马法原论》，商务印书馆，2017，第99页。

法律制度①，诉讼是提供给公民借以要求国家维护自己遭受侵犯的权利的手段。在法律诉讼程序中，作为审判对象的诉讼标的，表现为原告的诉权，实质上是原告提出的实体利益的主张。在罗马民事诉讼从法律诉讼向程式诉讼和非常诉讼演变的过程中，诉权制度一以贯之，并未发生本质变化。

在罗马法②发达的同时，德国尚处于早期日耳曼社会，奉行部族习惯，缺乏发达的成文法，直到公元13世纪《萨克森法典》出现，才算有了较具体的成文法。日耳曼人以血族为单位，由于环境艰苦，和平是其生存的最大保证。因此，对日耳曼社会而言，诉讼的目的不是维护权利，而是为了恢复秩序，成为诉讼对象的不是罗马法那样当事人主张的法律上的权利，而是纠纷事件本身。因而日耳曼法的诉讼标的更具有诉讼法的性质。③ 为了满足社会经济生活日益复杂的需要，德国开始学习罗马法，至14、15世纪，罗马法逐渐为德国继受，德国普通民事诉讼法由此成形，但萨克森地区仍适用日耳曼法。1654年，经帝国决议，帝国法院的诉讼程序接受了萨克森法院法的主体部分，就此形成以罗马法为基调、吸收了萨克森法内容的德国普通民事诉讼法。

---

① 马丁:《罗马法上的"诉"：构造、意义与演变》，《中外法学》2013年第3期。
② 从公元5世纪起，罗马法就以十二铜表法和其他市民法形态出现，直至优士丁尼大帝主持汇集制定了《罗马法大全》。在市民法之外，另有宗教法规范神职人员的生活、行为。为了解决各部族习惯差异以及法律难以贯彻的问题，帝国在罗马法的基调上注入习惯法和实务见解，制定了《罗马寺院法》，即便在罗马帝国消亡后，罗马法的传统仍经由罗马寺院法得以延续。
③ 〔日〕中村英郎:《民事诉讼制度与理论之法系的考察——大陆法系民事诉讼与日耳曼法系民事诉讼》，吕太郎译，载《民事诉讼法研讨（一）》，第258~262页。转引自段厚省《请求权竞合要论——兼及对民法方法论的探讨》，中国法制出版社，2013，第202页。

诉讼标的成为法学课题,产生于诉讼法体系与实体法体系之分离。1753 年《巴伐利亚法院法》、1781 年《奥地利诉讼法》、1793 年《普鲁士法院法》三部著名法院法典之制定,标志诉讼法体系日渐完善。这三部法典均涉及"事件"(Die Sache)及"客体"(或对象,Der Gegenstand)一语,但并无直接、明确加以解释的条文。随后,19 世纪初期德意志普通法学说认为争议之具体事件乃"民事诉讼的客体"(Object oder Gegenstand des Civilprocesses)。此种观点无非是将"事件"或"客体"理解为具体的、个别的实体概念。而后,德意志普通法学以"诉的原因"(Grund der Klage, fundamentum agendi)理论①为契机促成实体法和诉讼法在理论体系上的分道扬镳。至 19 世纪上半叶行将结束之际,德意志普通法已经奠定了现代法律体系的基础。诉讼法逐渐脱离实体法而独立存在的同时,实体法和诉讼法于体系上浑然一体的诉权(actio)法律体系也被迫走向解体。

19 世纪出现了(主观)权利观念,萨维尼(Savigny)在其著作《现代罗马法体系》提出主观权利是个人所享有的意思之力(Rechtsmacht),包括物权和债权。为挽救诉权制度的颓势,萨维尼提出私法诉权的学说,认为诉权是实体权利的一个发展阶段和一项权能,即诉权是权利受到侵害时所发展出来的"防御状态"。在他看来,实体权

---

① 日耳曼法律体系的传统立场认为法院旨在发现适用于"事件"的法。德意志普通法学主张,"诉的原因"就是"事实"(Faktum)。又因受到罗马法的影响,1654 年德意志帝国最终决议(Der jüngste Reichs – Abschied)将诉(Klage)的"事实"分成两个阶段。19 世纪初期,"诉的原因"被分解成"近因"(fundamentum agendi proximum)和"远因"(fundamentum agendi remotum)。此种划分全因德意志普通法学已区别事实与法律规范。自德意志普通法承认远因具有法律规范性质的内在特征后,其理论便朝着多元化方向发展。参见〔日〕中村宗雄、中村英郎《诉讼法学方法论——中村民事诉讼理论精要》,陈刚、段文波译,中国法制出版社,2009,第 86~88 页。

利、诉权、诉讼请求是同义词。诉权的内容被理解为受害方要求加害方消除损害，这完全是实体法上的含义，具有历史局限性，但这些理解却成为苏联民事诉讼理论的底色，并对我国民事诉讼法学甚至民法学产生深远影响。① 这种影响主要体现在两点：一是将权利受到侵害作为有权提起诉讼的前提条件，即诉权基于主观权利存续和损害结果的发生；二是将诉讼标的（主要是给付之诉）识别标准理解为作为整体的争议民事法律关系。②

二 追随请求权概念逐步进入诉讼标的独立发展阶段

诉讼标的作为程序概念的独立发展是伴随着现代意义上的请求权制度发展进行的。现代意义上的请求权制度是一个法律史上比较晚近出现的制度，在19世纪后期经由温德沙伊德（Windscheid）的学说而进入《德国民事诉讼法》和《德国民法典》。温德沙伊德认为罗马法的"actio"③包含很多要素，若用现代术语表达出来，就是权利或权利请求的表现形式。通过剥离罗马法上的诉所内含的诉权或可诉请求性的因素，温德沙伊德提出了纯粹实体法上的请求权概念：请求权

---

① 典型例证是将物权确认请求权理解为实体法上的权利，而不是诉讼法上的权利。相关讨论参见王洪亮《实体请求权与诉讼请求权之辨——从物权确认请求权谈起》，《法律科学（西北政法学院学报）》2009年第2期。
② 见任重《论我国民事诉讼标的与诉讼请求的关系》，《中国法学》2021年第2期。
③ actio一词具有多种含义。其概要大致为"诉讼中请求吾人所应得之物的权利"（actio auten nihil aliud est, quam jus persequendi judicio quod sibi debetur），具有现代意义上私法上请求权（Anspruch）与诉讼上之诉权（Klagrecht）双重机能。参见〔日〕中村宗雄、中村英郎《诉讼法学方法论——中村民事诉讼理论精要》，陈刚、段文波译，中国法制出版社，2009，第127页。

（Anspruch）是"人们向其他人要求的权利的表达"①，自此请求权逐渐成了现代民法上的核心概念。德国民法学界普遍认为，Anspruch 在无须顾虑作为基础之权利的性质，而用以表示权利之对人的方向，以及在裁判上、裁判外对特定人得被主张的状态之权利，是颇为适当的概念。1896 年颁布的《德国民法典》直接采用了这一概念，并在第 194 条第 1 款将其界定为"请求他人作为或不作为的权利"。日本和我国民法学界沿用了这一表达，普遍认为请求权是请求特定人为或不为一定行为的实体权利。

温德沙伊德提出请求权概念之后，裁判目的从早期罗马法中的创设权利（保护利益）演化为保护权利，那么当事人所主张的实体请求权就成了裁判的对象。诉讼标的之含义即指当事人所享有的实体法上的请求权。

温德沙伊德对 actio 传统理解的背离，引发了其与穆特尔的论战。② 此后，温德沙伊德吸收了穆特尔的公法诉权概念并同时援引民事诉讼法，赋予请求权以程序法功能：请求权除了是实体权利以外，还可以作为桥梁，以达到法庭上追诉以及实现权利的目的，意即也是权利受侵害需要寻求救济时而发生的诉权（Klagerecht）。自此请求权

---

① 金可可：《论温德沙伊德的请求权概念》，《比较法研究》2005 年第 3 期。
② 1856 年，温德沙伊德发表《当代法律对罗马民法诉权的立场》。1858 年，穆特尔发表《关于罗马法诉权、当代法诉权、争讼程序和债的单独继受的学说》，批判温德沙伊德对重要渊源的理解并不正确而且任意虚构，认为其请求权概念赋予诉权、诉的诉讼方面意义过小。穆特尔提出相反路径，强调作为诉权的诉并赋予其诉讼法意义，将诉讼法上的权利救济请求权作为诉的决定性因素。此后，温德沙伊德又以论文《诉权、回应特奥多·穆特尔博士》作为回应。参见〔德〕康拉德·赫尔维格《诉权与诉的可能性》，任重译，法律出版社，2018，第 16 页；金晶《请求权基础思维：案例研习的法教义学"引擎"》，《政治与法律》2021 年第 3 期。

具有两层含义。一是《德国民法典》第194条第1款定义的"要求他人为或不为一定行为的权利"①。这种请求权以有实体法依据为前提，其存在不受是否有人提出主张的影响，也不受债权人是否知悉其请求权的影响。二是"旨在获得某种特定的给付的要求"，是可以"请求"的给付，具有权利救济意义，1877年颁布实施的《帝国民事诉讼法》第253条第2款第2项要求诉状中提出的请求权，就是在这一意义上使用的。至于有关诉讼在实体法上是否成立，则在所不问。②

温德沙伊德虽然提出了诉权概念和理论，但并未在私法之外为诉权找到容身之所。③ 诉权概念仍然为民法学者在探讨请求权概念时所使用，这容易使人陷入罗马法中的actio和萨维尼、温德沙伊德等为代表的私法诉权论的语境。在20世纪初的一场大讨论之后，由阿道夫·瓦赫（Adolf Wach）率先提出并由赫尔维格（Hellwig）发展完善

---

① 《德国民法典》第194条第1款与第241条第1款（"根据债务关系，债权人有权向债务人请求给付"）对债务关系的表述很相似，但请求权被规定在法典总则本身即说明其比债权更具有一般性，人们通常也是在债法之外才使用"请求权"的。类似地，我国《民法典》第118条第2款规定"债权是因合同、侵权行为、无因管理、不当得利以及法律的其他规定，权利人请求特定义务人为或者不为一定行为的权利"，从法律体系上看，该债权是从权利内容、效力的角度对财产权分类的产物，与物权、知识产权等相对应，与请求权并非同一层次的权利概念（请求权是从权利作用的角度进行分类的产物，与支配权、形成权、抗辩权相并列）。
② 〔德〕迪特尔·梅迪库斯：《德国民法总论》，邵建东译，法律出版社，2013，第67页。
③ 诉权真正成为独立于民法的概念和理论要等到抽象的公法诉权论的出现。抽象公法诉权论的缔造者是德根考布（Heinrich Degenkolb），此说着眼于原告的权利主张，将诉权具体表述为"要求被告参加诉讼"和"要求法院作出判决"的请求。但该说因为内容的抽象、与民法的彻底割裂以及与当事人诉求相矛盾等原因饱受争议。

的法律保护请求权（Rechtsschutzanspruch）论①确立了通说地位。赫尔维格认为，当个人向国家设置的司法机构寻求救济，国家提供的法律保障形式有三：一是终局性裁判，判定法律关系存在与否；二是权利的实现；三是对权利的临时性保护。这些权利是针对国家的公权力（Publizistisches Recht），应当将其与希望受到法律保护的民事权利区别开来。由此明确诉讼标的并非以民法请求权为前提，而使之得以在诉讼法上独立发展。赫尔维格因此被认为是第一个从诉讼法角度深入阐述诉讼标的含义的学者。

1877年颁布实施的《德国民事诉讼法》是德意志帝国建立初期的产物，具有明显的妥协色彩。其条文之间存在诸多矛盾，故而招致无数争议。1900年，德国在颁布按照汇纂法学体系编纂的新《民法典》的同时，修正了《民事诉讼法》。此次修正采取了实体法和诉讼法泾渭分明的立场。在此情形下，法律规范性的诉讼标的理论愈发体系化，诉讼标的理论得以在诉讼法上独立发展。在其他方面，学说上通过代位诉讼以及确认之诉的性质之争②逐渐将实体请求权与诉讼上

---

① 关于诉讼标的理论，瓦赫首创法律保护请求权说。为了在抽象诉权论之外，仍旧在公法的范畴内找出诉权的表达方式，进而既能使其贯穿整个民事诉讼、呼应现实生活中当事人的实际诉求，又能在审判实践中对民事法律的运用作出有力的解释，瓦赫在1885年《民事诉讼法手册》和1888年《确认判决》等著作中多次将法律保护请求权表述为诉讼标的，但这里的所谓法律保护请求权究竟是指实体法上的请求权还是诉讼上的请求权，含义并不清晰。法律保护请求权说最终由赫尔维格完成，该说形成独树一帜的理论体系。参见李龙《民事诉讼标的理论研究》，法律出版社，2003，第31页；〔德〕康拉德·赫尔维格《诉权与诉的可能性》，任重译，法律出版社，2018，第12~23页。

② 对程序代位权能的讨论，使形式上的当事人概念与实体上当事人概念得以区分，而且程序代位权能标准与实体请求权主体也不再相干。承认请求权（Anerkennungsanspruch）或者确认请求权（Feststellungsanspruch）的讨论，是实体请求权学说与诉讼标的学说发展与区分的主要基础之一。承认请求权学说（转下页注）

请求权（诉讼标的 Streitgegenstand）区分开来。

第二节 诉讼标的理论的有关学说

关于诉讼标的理论，存在统一说和非统一说。统一说以单一标准决定诉讼标的，而不区分事件类型及程序阶段；非统一说则不以单一标准决定诉讼标的，其或依当事人之意思，或依事件类型或程序阶段认定该事件之诉讼标的。

一 统一概念论

1. 旧诉讼标的理论（旧实体法说）

在 20 世纪中叶之前，以实体请求权和法律关系作为诉讼标的识

(接上页注②)的创始人拜尔（Otto Bähr）提出，债权人对债务人享有承认之权利，随着债务人的给付，该权利也被满足；反过来，债务人也应有一个承认消灭债务的权利。因为从消极方面来看，确认请求权指向的是可以保护原告免受诉讼之扰以及由此带来的风险；从积极方面看，确认请求权指向的是对客体的保护。整体来讲，"承认"涉及的是作为承认客体的法律关系，保障的是受保护之客体，该受保护之客体与承认客体是一致的，为了获得该承认，法律秩序赋予保护客体的享有人以承认请求权。在 1877 年《德国民事诉讼法》中，立法者承认当事人通过进行确认之诉，主张一个基于实体法律关系产生的特别确认请求权，即针对被告的私法上的承认请求权，此请求权与给付请求权并列。参见王洪亮《实体请求权与诉讼请求权之辨——从物权确认请求权谈起》，《法律科学》2009 年第 2 期。

黄茂荣也指出，诉讼上的请求权范围大于实体法请求权，因为在诉讼法上除了给付之诉，还有确认之诉与形成之诉。参见黄茂荣《债法总论》（第一册），中国政法大学出版社，2003，第 37 页，注释 15。

别标准的旧实体法说（Die ursprngliche materiellrechtliche Theorie）一直统治着德国民事诉讼法学界。一般认为，旧实体法说始于赫尔维格而终于伦特（Lent）。赫尔维格认为应当区分诉讼标的与实体法上的请求权并在其著名的《德国民事诉讼法教科书》中采纳了瓦赫提出的"法律保护请求权"概念，并以此为起点构建民事诉讼法律和理论体系。他在1905年出版的《诉权与诉的可能性：当前民事诉讼基本问题研究》一书中指出，国家通过排除私力救济并规定司法机关应当提供这样或那样法律保护的前提条件，就等于承认了提供法律保护是国家的义务，并且赋予个人权利。个人拥有的这种法律保护请求权是针对国家的公权利，包括诉权（给付、单纯的确认或法律关系变动）、执行权和要求法律保全的权利三种表现形式。要求法律保护的公权利既不是民事权利的组成部分或附属品，也并非只有民事权利人才享有（比如消极确认之诉的提起就不以主体具有民事权利为前提）。法律保护请求权意义上的诉权（和法典理解的诉权），是以诉的方式要求特定的、能够满足或拒绝原告法律保护利益的判决的权利，因此，它也被称为有利判决请求权。获得胜诉的前提条件包括：实体层面与诉讼标的（Prozessgegenstand）紧密相连，指向原告诉称或否认的法律关系[①]；诉讼层面与法律保护请求权相关，包括当事人能力、管辖、诉讼实施权；法律保护必要；诉讼抗辩权。[②] 赫尔维格将实体法律关系和实体权利纳入胜诉的前提条件之中，使诉讼标的成为一个纯粹的诉讼法上的概念，从而使民事权利和民法与法律保护请求权和民事裁判

[①] 赫尔维格还特意指出，形成判决的诉讼标的是形成权，要求改变诉讼法律状态的形成之诉的诉讼标的是《帝国民事诉讼法》赋予的诉讼"异议权"。

[②] 〔德〕康拉德·赫尔维格：《诉权与诉的可能性》，任重译，法律出版社，2018，第38~39页、102~118页。

之间发生了间接联系。

旧实体法说认为诉讼标的是原告向法院提出的实体法权利（尤其是请求权）的主张。该说以实体法上请求权之单复异同作为诉讼标的单复异同的判断标准。一个实体权利构成一个诉讼标的，不同的实体权利构成不同的诉讼标的。例如，本金请求权与利息请求权就是不同的诉讼标的。如果原告在同一诉讼程序主张两个以上实体法上权利，即有两个以上诉讼标的，此时构成客观的诉之合并。旧实体法说的优点在于其符合民事诉讼法系为了确认当事人之间权利义务关系的目的论，而与实体法概念联结，符合法律安定性、攻防对象特定，较少出现裁判突袭问题，对于原告实体权利的保障较为充分。但缺点是请求权竞合的情形会构成不同的诉讼标的。例如甲作为房屋出租人，在租期届满后可基于租赁物返还请求权和所有物返还请求权对承租人乙提起诉讼。这里存在两个诉讼标的，法官对两者均应予以审判，即发生客观的诉讼合并；但若甲只主张了所有物返还请求权，因诉讼标的只有一个，法官就只审理这一请求权，而就该请求权作出的确定判决的既判力不及于竞合的其他请求权，原告可就其他请求权再行起诉，由此产生的问题是纷争无法一次解决，而容许原告先后以不同的请求权起诉又会增加被告的应诉负担和浪费司法资源，还可能产生矛盾裁判。

伦特教授是旧实体法说的集大成者。[①] 伦特早期认为诉讼标的是原告在诉讼上对实体权利或者法律关系的主张（Rechtsbehaupung），只是内容上由实体法确定，并非实体上的权利或法律关系。因为诉讼

---

① 伦特于1912年、1916年著有《民法与民事诉讼法上的法规竞合》一书，又于1952年发表《诉讼标的学说》译文，并由此奠定其在诉讼标的理论上的地位。

标的纯粹是诉讼上的概念，诉讼上的请求以法院为对象，而实体上的请求则以对方当事人为对象。在此基础上，他反对将诉讼标的仅理解为诉的要求（Klagebegehren）或诉的声明（Antrag）。之后在请求权竞合的问题上，伦特承认有例外情形，如果原告仅提出单纯的判决要求，而对基于何种理由持无所谓态度时，诉讼标的之内容得依原告诉的声明而非权利主张来确定，以保持请求权竞合时诉讼标的的唯一。①伦特的学说因将诉讼标的识别标准游移于原告的权利主张和诉的声明之间，而受到主张新诉讼标的理论之一分支说的学者施瓦布（Schwab）的批评，施瓦布认为这种识别标准不统一且失去客观性，从而由当事人的意志而定，无法统一地预先确定诉的合并、诉的变更和诉讼系属。②

日本的司法实务大多采旧实体法说，学界内部采旧实体法说和新说者分庭抗礼。日本学理上之诉讼标的，以"诉讼物"称之③，立法上则使用"请求"一词，直接影响了我国清末民事诉讼法用语。我国在学界、实务界有关诉讼标的之主流观点均为旧实体法说。我国台湾地区认为诉讼标的为"原告以诉所主张或否认之权利义务关系，亦即

---

① 当然，如果原告仅主张一个请求权基础但实际上并不满足条件，法官只能判决败诉而不是自行支持选择其他的请求权基础。该判决对其他请求权不产生既判力，原告仍可就其他请求权另行起诉。

② 段厚省：《民事诉讼标的论》，中国人民公安大学出版社，2004，第36页；曹志勋：《德国诉讼标的实体法说的发展——关注对请求权竞合的程序处理》，《交大法学》2018年第1期。

③ 新堂幸司教授指出，日本使用之"诉讼物"语词，向来被认为与"诉讼上之请求"同义，是指"狭义的请求"，为原告对被告之"权利或法律关系本身"之一种便宜用语。参见〔日〕新堂幸司《新民事诉讼法》，林剑锋译，法律出版社，2008，第216~218页。

为法律关系"①。台湾地区"民事诉讼法"第254条第1项之"为诉讼标的之法律关系"、第247条之"确认法律关系成立或不成立之诉"、第256条第5款（2000年修正前条文）之"并求对于被告确定其法律关系之判决"、第400条第1项（2003年修正前条文）之"诉讼标的于确定之终局判决中经裁判者……当事人不得就该法律关系更行起诉"等规定均认诉讼标的为法律关系。但实际上，该诉讼标的之"法律关系"以请求权为准。在借贷合同之诉中"前诉请求返还原本，后诉请求给付利息，两者法律关系有别"②。此处的法律关系分别为本金请求权与利息请求权，并非借贷合同关系。正如台湾地区"最高法院"（2013）台上字第978号民事判决认为，"在实体法上为相异之请求权基础，在诉讼法上为不同之诉讼标的"。而大陆地区学说与实务将"法律关系"解读得更为宽泛。

对于旧实体法说的缺陷，相关学者试图从具体诉讼实务中加以弥补。日本学者兼子一认为，诉讼以从法律上解决纠纷为目的，所以与调解不同的是，原告的请求须是在法律上可以评价的具体的法律关系或权利。因此，请求权竞合的情形构成不同诉讼标的，数请求并存构成诉的选择合并，由一请求权转为另一请求权构成诉的变更③，以其他请求权另诉的不构成重复起诉。类似地，我国台湾地区"最高法院"（1967）台上字第3064号判例也认为，不当得利返还请求权与损害赔偿请求权虽然法律性质不同，但若二者是依据同一事实的话，应

---

① 杨建华：《民事诉讼法要论》，郑杰夫增订，北京大学出版社，2013，第191~192页。
② 杨建华：《民事诉讼法要论》，郑杰夫增订，北京大学出版社，2013，第193页。
③ 〔日〕兼子一：《实体法与诉讼法》（1957），第71页。转引自张悦《日本诉讼标的论争回顾》，载《民事程序法研究·第十八辑》，厦门大学出版社，2017，第246页。

当允许原告选择其中之一提起诉讼，并允许进行诉的变更，而无须征得被告的同意。学者还主张请求权竞合时以选择的合并或重叠的合并来解决，而两个请求权在诉讼中互相成为解除条件，即互相以另一个请求被法院认为有理由为解除条件。不过应由法院而不是当事人决定先要审理哪一请求。① 这些方案既符合诉讼经济原则，又克服了旧实体法说的缺陷，但是须加强法官的释明责任以促进当事人适时作出选择。不过若当事人坚持只就单一请求权起诉，事后再以另一请求权起诉的情形仍无法避免。

2. 新诉讼标的理论（诉讼法说）

新诉讼标的理论也称诉讼法说，是脱离了实体请求权的支配而从诉讼法的观点切入，将诉讼标的理解为诉讼上请求，在给付之诉系以原告对被告请求给付之法律地位之单复异同作为判断标准，而与实体法上权利义务关系个数无关。诉讼法说考虑的是当事人请求的内容与案件事实的关系，以此解决给付请求权竞合时诉讼标的个数问题——若从请求给付的法律上地位来看，给付要求和事实关系实际上只有一个，即只存在一个诉讼标的。原本在旧诉讼标的理论中可能被视为独立诉讼标的者，在新诉讼标的理论中，仅成为法律上观点被提出而已。例如甲作为房屋出租人，在租期届满后可取得租赁物返还请求权和所有物返还请求权，但只有一个诉讼标的。新诉讼标的理论的优点是可贯彻"汝给我事实，我给汝权利"之观点，且可避免多次诉讼、纷争不止和加重诉讼主体负担和诉讼不经济。② 但缺点是关于如何适

---

① 邱联恭：《口述民事诉讼法讲义（二）》笔记版，许士宦整理，台湾自版，2012，第 159~160 页。

② 姜世明：《民事诉讼法基础论》，元照出版社，2011，第 94 页；邱联恭：《口述民事诉讼法讲义（二）》笔记版，许士宦整理，台湾自版，2012，第 139 页。

用存在不同观点，且若未适当释明，易因判决对象扩大而造成裁判突袭。

新诉讼标的理论可区分为二分支说、一分支说和三分支说，但这些学说观点并不稳定，即便同一学者在不同时期的观点也会发生变化。

（1）二分支说

二分支说（Der zweigliedriger streitgegenstandsbegriff）由罗森贝克（Rosenberg）和尼基施（Nikisch）提出。① 该说认为诉讼标的概念是当事人的权利保护要求或者法律后果主张，诉讼标的的识别由诉的声明②（Klageantrag）及为该请求所陈述的事实（事实基础）共同决定。依此说，若一个声明有数个不同作为根据之事实，则为数个诉讼标的；如数个声明仅有一个生活事实作为根据，亦为数个诉讼标的；仅一个声明有一个作为根据之事实的情形，才构成一个诉讼标的。二分支说所指"事实"存在两说，即权利发生事实（den rechtserzeugenden Sachverhalt）和生活事实（Lebenssachverhalt）。前者指"为充分已被明示或依陈述内容所得被特定主张权利之法律要件所必需之事实"；后者自生活原因事实出发，指统一的"生活事实经过"或"生活事实"，此范围较权利发生事实更广。③ 关于事实对于识别诉讼标的的作用以及在不同类型的诉中的适用，学者之间的观点并不相同，它们

---

① 下文有关罗森贝克、尼基施的学术观点参见张卫平《论诉讼标的及识别标准》，《法学研究》1997年第4期；〔德〕罗森贝克等《德国民事诉讼法》，李大雪译，中国法制出版社，2007，第671、672页；段厚省《民事诉讼标的论》，中国人民公安大学出版社，2004，第39～41页；李龙《民事诉讼标的理论研究》，法律出版社，2003，第46～54页；曹志勋《德国诉讼标的诉讼法说的传承与发展》，《交大法学》2022年第3期。

② 诉的声明实际就是当事人提出的诉讼上的具体请求，而该请求是基于实体法映射于一项生活事实而产生的。我国民诉法上的"诉讼请求"内涵基本上与之相当。

③ 姜世明：《民事诉讼法基础论》，元照出版社，2011，第92～93页。

在碰撞中相互影响，甚至同一学者在不同研究时期的观点也会发生变化。

罗森贝克对案件事实采用的概念是未经实体法评价的自然的历史事实。因此，即使该事实依实体法评价符合多个法律事实的构成要件，事实也只有一个，若原告的声明只有一个，就只存在一个诉讼标的。这样，就解决了基于一个自然事实的请求权竞合问题，旧实体法说上认为存在的多重请求权在这里被认为只是不同的攻击及防御方法。至于基于数个事实而给付目的只有一个的情形，仍构成多个诉讼标的。罗森贝克在1929年第2版教科书中，认为分别基于借款和本票、买卖和债务承担的金钱给付请求权的竞合，或者基于所有权或租赁关系的返还请求权的竞合，都因存在多数案件事实而构成多数的诉讼标的。而确认之诉的识别单纯根据诉的声明中对某项法律关系的确认而定。在形成之诉，针对相同法律效果有不同形成理由的，也不认为构成不同诉讼标的。生效判决仅在法院裁判的实体请求权的范围内产生既判力。如果裁判仅针对请求权竞合中的某一个实体请求权，其他未经裁判的请求权仍然可以另行起诉。在其1949年第4版教科书中，罗森贝克明显降低了案件事实在识别诉讼标的中的作用，认为只有在诉的声明需要说理时，案件事实（历史事实）才能成为识别要素。在既判力方面，也转而认为在请求权竞合时，即使法官仅就一个法律观点作出裁判，当事人也将受到既判力的约束而不得另诉。例外主要在于，法院对该实体权利没有管辖权或者案件中存在多个案件事实（比如涉及借款和本票的交易）的情形。罗森贝克在其学术生涯不断降低事实在识别诉讼标的中的作用，直至在其1954年第6版教科书中完全采取了施瓦布力主的一分支说，诉讼标的之识别标准就单纯是诉的声明，案件事实只能作为诉讼请求权个别化的工具，比如区分数额相同的两项借款，而不再直接影响诉讼标的数量的认定。与前述第 4 版不同，他此时明确表态，即使案件事实为多数，比如涉及借款和本票的情形，也只构成同一个诉讼标的。但是，在确认之诉中他开始认为诉的声明并不足以使法律关系个别化，只有通过作为理由一并提出的案件事实，法律关系才能够个别化。尽管他在第 9 版教科书（罗森贝克本人修订的最后一版）中又改回了前面第 4 版的观点，第 6 版的变化仍然值得注意，这也从一个侧面标志施瓦布推崇的一分支说正式进入主流话语体系。

尼基施在 1935 年的著作《民事诉讼上的诉讼标的理论》中，提出诉讼标的是原告的权利主张（Rechtsbehauptung），即原告请求法院就其实体法上的权利或法律关系予以确认的主张。这一主张原则上是对应诉的声明的抽象法律效果的主张。除了确认之诉仅依诉的声明就可确定外，给付之诉和形成之诉都需要结合事实因素个别化。与罗森贝克逐渐弱化案件事实在识别诉讼标的中的作用不同，尼基施始终重视案件事实在识别中的意义，认为原告提交的理由同时具有证成权利主张和使权利主张个别化的双重功能。在形成之诉中不同形成事由与诉讼标的的关系上，他的观点并不统一。在诉的合并和诉的变更方面，他主张对当事人只存在一个形成权并能够被原告在诉讼中作为说理提供的全部事实加以个别化，此时诉的声明不再是识别标准，而不同的形成事由都构成同一诉讼标的。但在禁止双重起诉和既判力的范围上，则应当根据不同形成事由所对应的案件事实的不同，允许后诉的提起。在请求权聚合的给付之诉中，只有结合案件事实才能明确实际上涉及的是两个独立的权利主张。不过在请求权竞合的给付之诉中，他明确主张以权利保护要求（Rechtsschutzgesuch）作为判断标准，有几个权利保护要求，就有几个请求权及诉讼标的。此时诉讼标的之识别标准就只有诉的声明,而不包括事实因素。无论是涉及单一案件事实的侵权案件,还是涉及两个案件事实的借款和本票案件,都只存在一个权利保护要求,因而只有一个诉讼标的。不过,这种观点与其所谓权利主张是被案件事实加以个别化的观点又存在矛盾。尼基施随后修改了自己的观点,主张在涉及多个案件事实时,不应只存在一个请求权/诉讼标的。比如无论借款和出具本票的行为在客观时间、行为上是否接近,都应当视为"独立的产生原因"(Entstehungsgrund)及不同诉讼标的,单独起诉的可以进行诉的变更,也可以一并提起构成选择的诉的合并。在禁止重复起诉、既判力方面也是按案件事实的单复数决定是否以不同诉讼标的来处理。当然,如果原告在前诉取得胜诉判决,即便可以提起后诉,也由于缺乏权利保护利益不能获得双重给付。从尼基施将案件事实理解为发挥个别化功能的生活事实,可以看出他后期转变为新实体法说的端倪。

德国民事诉讼在立法上、实务上和多数的学说上均采取二分支说。德国联邦最高法院固定见解认为请求原因(生活事实)指所有事实,该等事实依自然观察,自当事人立场出发,依其本质属于为裁判提出之事实整体,而应向法院提出作为原告请求权的支撑。① 在日本学界诉讼法说有逐渐成为通说的趋势②,实务上也不乏依该说解决请求权竞合案件的操作。我国台湾地区实务上近年有向二分支说靠近的

---

① M. chwab, Zivilprozessrecht, 5. Aufl., 2016, Rdnr. 89a. 转引自姜世明主编《诉讼标的及重复起诉禁止理论之再省思》,新学林出版社,2018,第14页。

② 小山升、三月章、新堂幸司等教授均主张以二分支说解决请求权竞合的问题。小山说和新堂说甚至认为,在票据债权与原因债权之间也只存在一个诉讼标的,因为实体法秩序只应认可一次给付,而且票据无因性理论未被始终贯彻于票据收款人与出票人之间的关系。参见〔日〕新堂幸司《新民事诉讼法》,林剑锋译,法律出版社,2008,第47~51页。

趋势，如台湾地区"最高法院"（2009）台上字第 56 号判决书认为：诉讼标的之特定应依原告诉之声明及原因事实为之。诉讼标的与实体上法律关系主张两者概念不同。（2011）台抗字第 62 号判决亦指出：诉讼标的之含义必须与原因事实相结合，以使诉状所表明请求法院审判之范围更加明确，得以判断实质判决确定力客观范围时自应依起诉主张之原因事实所特定之诉讼标的法律关系为据，凡属确定判决同一原因事实所涵摄之法律关系均应受其实质确定力之拘束。

该说对我国大陆学界和实务界也有一定影响，法院在审判中有时以"事实相同"作为一事不再理的裁判理由。[①] 但因"事实"间界限很难把握，诉讼法说与我国当前追求裁判对法律适用统一、规则对当事人诉讼进行明确指引的司法目标似难相容，无法在我国实务中得到广泛承认与贯彻。

二分支说在扩大纠纷解决范围方面有其可取之处，但始终面临案件事实如何认识的困难。二分支说看似回避了诉讼标的与请求权的关系，但是案件事实是否同一以及诉的声明的法律来源都离不开对请求权的判断。关于"事实"，理论上有权利发生事实、生活事实之差异。前者范围较窄，可能仍有请求权竞合时纷争无法一次解决的问题；后者范围较广，可避免一再起诉之诉讼不经济，但其界限不清，较缺乏法律安定性。生活事实有依自然观察、交易观点及整体性等标准，难

---

① （2011）民再申字第 68 号裁定书认为法院已经对涉案工程款全案作出了终审判决，在该判决作出后，劳服公司再次对涉案工程款另案提起诉讼，系对同一争议事实再次起诉，违反一事不再理原则，故原审法院裁定驳回劳服公司的起诉，有充分的事实依据。
（2021）最高法民申 3694 号民事裁定书认为，当事人基于合同请求权起诉前案，后基于同一事实、以侵权损害赔偿请求权作为诉讼请求的具体理由提起本案诉讼，前后两案诉讼标的具有同一性，构成重复起诉。

以通过科学方法得到确定，实际上成为论者拓展同一诉讼标的的认定的说理工具，本身无法自证其明，其应用难免有认定困难及造成法不安定之效果，须借由实务类型化建立操作标准，作为援引依据，以缓和质疑。

批评者还指出，二分支说在由几个事实追加证明同一诉的声明的情况下，仍然不能达到诉讼经济的目标。而且，这一学说界定的诉讼标的与实体法上权利的概念完全无关，对于承认、变更、放弃诉讼标的，法院应当作出原告败诉或胜诉的判决，另外对诉讼上的和解也与本案确定判决有同一效力等现象，无法加以合理解释。对于实体法中有关规定提起诉讼而产生一定实体法上效果（如时效中断），二分支说也无法自圆其说。此外二分支说对给付之诉和形成之诉，认为诉讼标的与实体法权利无关；而对于确认之诉，则认为其诉讼标的是要求对特定的实体法上的权利或法律关系的确定，可见，二分支说的理论并不一贯，存在明显矛盾。①

（2）一分支说

一分支说（Der eingliedriger streitgegenstandsbegriff）主张诉讼标的只通过"诉的声明"就能充分确定。1949 年伯特赫尔（Botticher）首倡婚姻诉讼的诉讼标的是原告请求法院判决解除婚姻的要求，并非原告对被告的权利主张。离婚的原因或撤销婚姻的理由不构成诉讼标的之要素。认为事实理由对于诉讼标的的概念而言，并没有重要性，识别诉讼标的之根据应以诉的声明为唯一标准。1953 年后，罗森贝克的门生施瓦布与学者哈布沙伊德（Habscheid）有关"民事诉讼法上的

---

① 〔日〕中田淳一：《诉讼上之请求》，载《民事诉讼法讲座》第 1 卷，第 29 页。转引自李龙《民事诉讼标的理论研究》，法律出版社，2003，第 53～54 页。

诉讼标的"的论文在德国民诉法学界引起了所谓"新旧理论"之争。1954年施瓦布在其博士学位论文《民事诉讼标的研究》中，将诉讼标的定义为"在诉的声明中记载的、对裁判的要求"，即审判请求说，将伯特赫尔的一分支说扩展至整个民事诉讼领域。案件事实不再是诉讼标的之要素，而只作为解释工具，用以区分本质上不同的诉的声明。

施瓦布的一分支说[①]可以对形成之诉和确认之诉作出有力解释，于给付之诉却存在一定的内在矛盾。该说特别安排了在多个案件事实、多个实体请求权及同一诉的声明情形下诉讼标的之识别规则，比如涉及借款和本票之关系，也只成立一个诉讼标的。但这与一分支说的观点并不尽一致，因为这种情况下诉的声明完全可能由于不同事实原因被理解为不同的诉的声明。

在诉的变更和禁止双重起诉中，施瓦布认为唯一的识别标准仍然是诉的声明，事实因素只能作为解释诉的声明的素材。与此不同，既判力的客观范围则相对复杂，施瓦布认为不应广泛承认既判力。在形成之诉中，他认为不同的离婚理由并不影响诉讼标的之识别。在确认之诉中，原则上也只审查诉的声明是否同一。当事人主张不同取得原因（物权转让和时效取得）虽然构成不同的案件事实，但若都是确认对同一物的所有权，就只是为同一诉的声明提供多重理由，其变化不影响诉讼标的之识别，此时仅构成一个诉讼标的。就给付之诉的裁判结果而言，一分支说与二分支说并无二致。即便是在借款和本票的案例中，原告提出的不同的案件事实虽然属于同一诉讼标的，但是同样

[①] 施瓦布的学术观点参见曹志勋《德国诉讼标的的诉讼法说的传承与发展》，《交大法学》2022年第3期；李龙《民事诉讼标的理论研究》，法律出版社，2003，第54~58页。

不受到既判力规则的约束。

一分支说修正了二分支说的诸多理论缺陷。根据一分支说的理论，不仅在基于同一事实成立多个实体法上请求权而期望追求相同诉讼目标的情况下，而且在基于二分支说意义下的几个事实关系而追求相同诉讼目标的情况下，诉讼标的之单复数问题，都可以获得比较圆满的解决。因而该学说在德国得到快速传播，并为许多学者接受，包括罗森贝克也在其第 6 版教科书中改采一分支说。德国联邦最高法院 1962 年 7 月 12 日的判决采纳了一分支说的见解以解决基于不同生活原因事实而发生给付目的同一之情形。在 1989 年的判决中，更将后案给付之诉认为其据以提起的生活原因事实与前案确认之诉并无不同，因而两诉的诉讼标的仍为同一，应受一事不再理之适用。①

不过，该说由于脱离实体法上权利概念，与二分支说存在类似的无法自圆其说的理论困惑。此外，该说也存在内在冲突和不一致性：一分支说固然可以简化诉的识别，在较大的范围解决当事人之纷争，但原告以同一事实变更诉的声明后，即构成另一诉讼标的，这样，前诉判决已确定的事实，还可以再受裁判；在相同当事人之间请求给付金钱或种类物的给付之诉中，也难以区分前后两诉，不得不将事实概念再次引入，从而又回到二分支说的立场。在确认之诉中也未将诉的声明是识别诉讼标的之唯一要素这一观点贯彻到所有案例。为了让原告充分利用仅有一次的诉讼机会、免遭无法挽回的损失，一分支说要求法官履行更多的阐明义务、积极引导诉讼，

---

① 杨淑文：《民事实体法与程序法争议问题》，中国政法大学出版社，2009，第 200～211 页。

这些都过分增加了法院负担以及影响审判者的中立地位。

（3）三分支说

还有认为除二分支说的两个考虑因素之外，尚须加上法律理由等要素者。其在奥地利被提出的原因是，虽一般而言，法院并不被当事人所主张的法律关系拘束，但实务上较多人认为如果当事人已明确表示限定于特定法律理由（请求权），则法院不得基于其他法律理由进行判决。① 主张三分支说者，以哈布沙伊德的学说②最为著名。

1956年，哈布沙伊德提出三分支说的观点，认为诉讼标的是"在诉讼程序中，应当以特定生活事实为理由，就被要求的法律后果宣判的、原告的权利主张"，其识别标准由程序主张、法律效果主张和生活事实三个要素构成。程序主张（Verfahrensbehauptung）包括诉讼的合法性条件和权利保护形态。法律效果主张（Rechtsfolgenbehauptung）与尼基施的"权利主张"无异，指原告请求法院就其实体上的权利或法律关系加以确认的主张，直接对应诉的声明，原则上是诉讼上的、抽象的法律效果，有法律明确规定以及当事人意思介入的例外情形，则指具体的、以实体法为依据的权利效果主张。生活事实指《德国民事诉讼法》的"请求权的理由"，包括当事人之间发生的一切事实。在哈布沙伊德的概念体系和理解上，侧重事实全貌的生活事实不同于历史事件（historisches Ereignis）或者说个别事实经过（isolierter Lebensvorgang），后者应当对应法律构成要件即所谓法律事实。货物的预订、运输和消费乃至先合同的磋商阶段都属于与合同纠

---

① 姜世明：《民事诉讼法基础论》，元照出版社，2011，第93页。
② 哈布沙伊德的学术观点参见曹志勋《德国诉讼标的的诉讼法说的传承与发展》，《交大法学》2022年第3期；段厚省《民事诉讼标的论》，中国人民公安大学出版社，2004，第42页。

纷相关的生活事实，支持原物返还请求权的占有、所有权或者侵权请求权基础的事实细节也都对应相同的生活事实。不过，基于社会一般认知，借款和本票以及在确认所有权之诉中，所有权转移和继承分别构成不同的生活事实。

哈布沙伊德在既判力规则方面研究得非常精细。认为前诉、后诉都只涉及给付之诉中的抽象法律效果主张时，应以诉的声明和生活事实为识别标准。比如，在先提起的价款支付请求权被法院以合同不存在为由驳回，原告随后又主张不当得利返还请求权的案件中，由于诉的声明和生活事实都为同一，故诉讼标的也同一。更进一步地，在涉及同一生活事实时，程序主张或者具体法律效果主张的不同，都可以导致诉讼标的之不同。如果前诉程序主张/法律效果主张能够包含后诉的程序主张/法律效果主张，那么应当适用既判力消极作用之排除效；反之，如果前诉程序主张/法律效果主张的范围较小，其判决的既判力就不会妨碍对应范围更大的程序主张/法律效果主张的后诉的审判。例如，前案是被驳回的（积极）确认之诉，后案是（相应的）给付之诉，那么后诉虽然不受前诉既判力的约束，但由于前诉既判力的积极作用，应将前诉有既判力的判断作为其审判的事实基础，进而驳回诉讼请求。如果前案的确认之诉得到法院支持，那么后诉法院相应也应当在该确认判决的基础上，审判是否支持给付要求。与前两种情况相反，如果前案是给付之诉而后案是确认之诉，此时由于前诉中的程序主张包含后诉的程序主张，因此应当以诉不合法驳回起诉，即后诉受到前诉既判力客观范围的约束。

三分支说认为在诉的声明和案件事实之外须加上原告主张的法律原因才构成诉讼标的，使诉讼标的之范围更加限缩，因此增加的要素被诟病为多余。又因事实要素游移于法律行为和整个事实之间，在既判力问题上也存在矛盾等,难以被他人全盘接受。但就展开细致的区分理论这一点,对解决我国重复起诉问题具有参考意义。

3. 新实体法说

尽管旧实体法说独步天下的时代一去不返,但仍有不少学者坚持应从实体法角度定义和识别诉讼标的。学者们针对请求权竞合导致诉讼标的无法特定、唯一的问题,认为诉讼法学者从纯粹诉讼法的角度进行的研究都治标不治本,解决这一问题有必要重新考察民事实体法的请求权理论,并建立民法上请求权新的复数形式,以解决一个给付可分成数次诉讼的问题。将诉讼标的之本质理解为原告对被告的实体权利或法律关系存在与否的主张,是为新实体法说(Neue materiell-rechtliche Lehren)。

尼基施原本主张二分支说,但后期转而引领了新实体法说的出现。他主张统合程序法和实体法,进而在实体法中借鉴程序法成果。根据传统观点,在请求权竞合时,针对同一目的的多数请求权在被履行前是相互独立存在的。这样,债权人可以将其中一个或几个请求权让与出去,从而使只负有一种给付的债务人面对几个不同的债权人。尼基施认为不能允许债权人以不同的请求权分别起诉,在根据一个事实关系而产生具有相同目的的几个实体法上的请求权的情形下,应该认为只有一个实体法上的请求权存在。比如,交通事故受害人可以提出的不是一个"由"侵权行为产生的请求权,也不是一个"由"危险责任,或"由"违反合同行为产生的请求权,而只是一个损害赔偿请求权。[①] 而在借款和本票的关系中存在两个独立的请求权,才是

---

① 〔德〕卡尔·拉伦茨:《德国民法通论》上册,王晓晔等译,法律出版社,2013,第352页。

"真正的请求权竞合",构成数个诉讼标的。此时,原告起诉同时主张数个请求权时,可构成选择合并(die alternative Klagenhäufung)。在形成之诉中,纵有数个原因事实,亦不构成数个诉讼标的。在确认之诉中,原告欲主张存在或不存在的权利义务,纵然基于不同生活事实,亦仅构成一个诉讼标的。

亨克尔(Henckel)在创新的路上走得更远,他的核心思路是将程序请求权概念与实体请求权概念在程序方面的功能[①]相结合,即实体请求权作为处分客体(Verfügungsobjekt)的功能。亨克尔的理论在结论上与尼基施类似,只是理由构成上有所不同。他认为,请求权之功能在处分时颇值探讨,权利之让与客体应依权利让与的特定时间时相关的生活事实而决定。权利让与时,同一生活原因事实虽符合不同法律规定之构成要件,亦仅构成一个处分的客体,而仅有一个请求权。故在交通事故被害人基于侵权行为、债务不履行、危险责任而请求损害赔偿时,只能将这些请求权视为单一的处分客体而处分让与,因而仅存在一个具有不同法律理由的请求权。不过在形成之诉中,亨克尔的学说很难说明离婚诉讼中,不同的法定事由系由不同生活事实构成如何属于"具有不同法律理由之单一请求权"[②]。亨克尔学说遭遇的质疑主要聚焦于实体请求权就不同功能而言具有不同的定义,相互之间难以相容。

新实体法说学者的见解也推动民法学界对请求权竞合理论的反

[①] 亨克尔认为实体请求权兼具教义功能、涵摄功能、体系化功能(Ordnungsfunktion)、处分客体和担保法中确定管辖的功能。[Henckel, a.a.O. (1961), S. 258 ff.] 转引自曹志勋《德国诉讼标的实体法说的发展——关注对请求权竞合的程序处理》,《交大法学》2018年第1期。

[②] 杨淑文:《民事实体法与程序法争议问题》,中国政法大学出版社,2009,第213页。

思，最典型的是请求权基础竞合说的提出。传统诉讼标的理论无法避免请求权竞合的重复起诉问题，是实体法学上的请求权自由竞合理论使然。自由竞合论认为当事人可以自由选择行使竞合的请求权[①]，不受次序影响；可以同时援引也可分别援引。但因复数的请求权之间存在竞争关系，其中一个请求权获得满足，其他的请求权随之消灭；反之，就一个请求权因目的达到以外的原因（如罹于时效）而消灭时，可继续行使其他的请求权。德国民法学者拉伦茨（Larenz）对请求权自由竞合论提出批评，认为在同一事实可以适用数个不同的民事法律法规时，权利人实体法上的请求权只有一个，因为相互竞合的并非请求权而是请求权基础，应称作"多数请求权基础，或请求权规范竞合"[②]。在多个法律规定的背后只存在一个义务，一个法效果，只是因为学理上的需要，这个义务才被作了不同的安排。请求权规范竞合（基础竞合）不承认复数的请求权，而认为是一个单一的、建立在多种基础（理由）上的请求权，这样就不存在移转其中一个请求权的问题。在避免多重给付、多重责任方面，基础竞合说得到广泛的支持。但该说抹杀了不同请求权之间的界限，尤其在不同的竞合规范在实体法上不同要件、责任范围、消灭时效、举证责任、抵销许可性等存在差异的情况下，该如何解决之难题与请求权竞合说如出一辙。

新实体法说将请求权竞合时实体法上的请求权解释为真正受法律保护的实体法上的地位，而非实体法所规定的各请求权本身，考虑到

[①] 王泽鉴：《民法思维：请求权基础理论体系》，北京大学出版社，2009，第131页。
[②] 〔德〕卡尔·拉伦茨：《德国民法通论》上册，王晓晔等译，法律出版社，2013，第352~355页；〔德〕迪特尔·梅迪库斯：《德国民法总论》，邵建东译，法律出版社，2013，第69页。

了诉讼法与实体法衔接的问题,这一点较新诉讼标的说高明,逐渐得到很多人支持。但是正如加藤雅信教授指出的,"将实体法上请求权视为诉讼标的"的新实体法说之理论框架自身也仅仅停留于"变更名称"的层面,而并不能解决个别的解释论问题。新实体法说在德国未成为通说,未能完全取代或排除新诉讼标的说,但对于实务上采取旧诉讼标的理论的地区,较具参考价值。

综上,各种统一的诉讼标的理论在学界各领风骚、此消彼长,各派学说的讨论虽渐趋精细化但均未达致合理解决所有案型的圆满程度。各国实务上针对不同案型所采的观点也常有摇摆,以图在个案中实现公正。而精细化趋势的发展又衬托出诉讼标的概念的局限性,在每个涉及诉讼标的论之问题的领域中,诉讼标的概念的效用逐步相对化,那种认为"从起诉到判决为止,诉讼标的对诉讼予以统一性规制"的传统思维也日趋受到动摇。①

二 非统一概念论(诉讼标的相对说)

正视各统一学说的不完美状态后,在德国、日本、我国台湾地区,有学者主张应就不同诉讼种类、不同情形分别决定诉讼标的之单复数,诉讼法规定的诉讼标的并非必然为一致。持相对说者认为诉讼标的之概念应配合不同程序所欲达成的目标进行调整,应该具有可变的内涵。

---

① 〔日〕中野贞一郎:《诉讼标的概念的统一性与相对性》,载中野贞一郎《民事诉讼法的论点(第一卷)》,判例时代社,1994,第20页以下。转引自〔日〕高桥宏志《民事诉讼法——制度与理论的深层分析》,林剑锋译,法律出版社,2003,第51页。

1. 独立的判决标的说

1951年，德国学者卡尔·布洛迈耶（Karl Blomeyer）提出没有统一的、对于一切诉讼状态都同样适用的诉讼标的概念，他认为，诉讼标的在不同诉讼阶段有不同的功能。诉讼标的之一般概念是决定诉讼系属、诉的合并以及诉的变更等问题的重要标准。但在既判力方面，应打破既判力客观范围＝诉讼标的这一前提，而应以"判决标的"（Urteilsgegenstand）为准。诉讼标的是针对当事人所争执的对象而言，判决标的是针对哪些事情曾经被法院判决而言，二者并非完全统一。[①]具体而言，在诉讼审理阶段中判断一事件是否已系属于法院、当事人是否为诉的变更或诉的追加等，应采一分支说，以较扩张之诉讼标的概念，使同一原告与被告间尽量利用同一诉讼程序解决纷争。而于判决确定之后的阶段，则应采二分支说判断诉讼标的及既判力的客观范围。未经当事人主张、法院亦未审理判断的不同原因事实，不为既判力效力所及，当事人仍可另诉，即既判力小于等于诉讼标的。

我国台湾学者邱联恭对于诉讼标的的问题，也提倡相对论，其理论基础为对原告处分权之保障，认为原告对于审判对象应有决定权。他认为从扩大诉讼制度解决纷争功能的理念追求看，成为案件审理对象的诉讼标的之范围应尽量扩大，法官应行使阐明权，促使原告提出未主张的权利。他还提倡为了方便不懂法的当事人起诉，原告既可选择以某法律关系（请求权）为诉讼标的，也可选择以某纷争为诉讼标的；而在诉讼的后阶段，考虑到原告可能因准备不足未能将某事项排除于诉讼标的的范围之外，为防止承认既判力会对当事人权益造成损耗或减少，对于没有经过充分的攻击及防御部分的请求权，不应纳入既

[①] 李龙：《民事诉讼标的理论研究》，法律出版社，2003，第72~73页。

判力范围，应允许其就该部分另行提起新诉；但若原告本已被赋予利用前诉讼程序提出主张的机会却不予利用的，应按权利失效的法理处置，不得再行起诉。① 但这一理论招致不少学者质疑，由原告选择诉讼标的大小是否对被告不公平，影响其防御权，违反当事人武器平等原则？尤其当原告在诉讼进行中将起诉时的新说理论改为旧说理论时，被告与法院已就新说之诉讼标的进行充分准备，允许原告的变更将影响被告的程序利益及法院追求的纠纷一次性解决的利益，不尽公平。此外，这一理论既可能呈现与旧说及新说相同结果的选择，则可能呈现各理论之原有缺点。例如容许原告选择权利单位型诉讼标的，则不能解决法院负担及被告应诉负担问题；而容许原告选择整体纷争事实型诉讼标的，是否过于广泛，导致原告不能谨慎起诉，而加重法院阐明义务行使之负担。② 至于有学者认为该说存在一个难圆的矛盾：既然允许原告选择依旧诉讼标的理论起诉，却又使判决对其未主张的请求权产生既判力，似与旧说的既判力客观效力原则上仅及于原告所表明的诉讼标的之立法和原则相违背，也与保障能力不足的原告的实体利益的初衷相违背。为使当事人有机会利用一道程序彻底解决纷争，台湾地区"民事诉讼法"新增加的第199条之一前款允许当事人在案件事实和诉之声明中自由选择其一来决定诉的范围，并要求法院行使阐明义务，在当事人对声明或补充不明了或不完备时应令其叙明或补充之；法官还应适度表明法律见解，促进诉讼合并。如原告采旧诉讼标的理论，在请求权竞合情形下，若原告仅主张侵权行为，而后法官阐明亦有债务不履行请求权之可能的，由当事人决定是否变更或

---

① 邱联恭：《口述民事诉讼法讲义（二）》笔记版，许士宦整理，台湾自版，2012，第166~172页。
② 姜世明：《民事诉讼法基础论》，元照出版社，2011，第99页。

追加诉讼标的。笔者以为,诉讼制度不仅应考虑当事人的实体利益保护,还应顾及程序本身应实现的公益,如诉讼效益、被告不被过度消耗的正当程序利益等。在法院充分阐明原告可利用诉讼合并提出相关主张而原告拒绝利用并另提新诉、损害了程序法公益的,其诉权或胜诉权应受一定限制或对其施加程序性处罚。

2. 根据诉讼类型决定不同的诉讼标的识别标准

奥斯马·尧埃林[①](Oothmar Jauernig)认为,对于适用不同审理原则的案件以及不同的诉讼类型,应采用不同的诉讼标的概念。如婚姻诉讼应适用职权调查主义(die Untersuchungsmaxime),法官有依职权探知当事人未主张事实的义务,故应适用概括的诉讼标的概念。判决确定后,其既判力亦及于法院未知且未审理的事项,如婚姻无效的诉讼。反之,一般诉讼事件应适用辩论主义(die Verhandlungsmaxime),故法官应受当事人所主张的事实及提出的诉讼资料拘束。在不同诉讼类型方面,于给付之诉,应区别其是否凭借诉的声明即可判断诉讼标的之情形,如请求交付特定物,或为一定意思表示,诉的声明本身就足以决定诉讼标的;而请求给付一定金额,则须借助诉的原因事实才能判断原告所请求审理的客体为何。确认之诉和形成之诉的诉讼标的,一般凭借诉的声明即可个别化、特定化,事实关系对于诉讼标的并无意义。除非诉的声明必须一个别化的事实关系时,才需要纳入事实关系要素。例如,原告起诉请求确认其对被告的10万元债权,此时需要结合事实关系以特定诉讼标的,尧埃林主张的事实系就自然的生活过程事实而言。依其理论适用于案件的认定标

---

① 杨淑文:《民事实体法与程序法争议问题》,中国政法大学出版社,2009,第214~215页;李龙:《民事诉讼标的理论研究》,法律出版社,2003,第76~78页。

准有很大弹性，可能是一分支说、二分支说、实体法说的混合应用。

否定统一概念者认为诉讼标的之概念应配合各个不同的程序和诉的类型所欲追求达成的目标进行调整，进而具备可变的内涵。而相对论、可变论意味着裁量和不稳定性，很难被追求法律统一的思维所接受。不过，其中处理某些特殊问题时变通考量个案之程序公正和实体公正的做法，具有合理性。

三 普通法系国家的相关理论

普通法系国家虽不像大陆法系国家用"诉讼标的"（"诉讼物"）之类的专门术语指称审判对象，但是也存在关于诉讼程序容纳的最小单位的界定问题，相当于大陆法系语境下的民事诉讼标的理论问题。美国学者指出，既判事项适用于诉讼的基本单位是诉因①（cause of action）或（诉讼上）请求（claim），即单个诉因或（诉讼上）请求构成最小诉讼标的。不过，为了能够在耗费较大的诉讼程序中尽量一次性解决关联纠纷，程序上规定了强制合并的标准。美国《联邦民事诉讼规则》及《判决重述》（第二版）均用"纠纷事件/交易"（transaction or occurrence）作为衡量诉讼程序容量的基准②，一个程序应当处理基于纠纷事件产生的所有诉因（或实体权利）。这意味着，

---

① 诉因并非由事实组成，而是由这些事实所证明的对权利的非法侵害行为所构成，现代的程序规则一般用"请求"代替"诉因"。参见〔美〕杰克·H. 弗兰德泰尔等《民事诉讼法》，夏登峻等译，中国政法大学出版社，2003，第622~626页。

② 目前除美国联邦法院外，共有34个州及哥伦比亚特区法院通过"纠纷事件"来界定既判力的效力范围，有40个州及哥伦比亚特区法院制定了类似《联邦民事诉讼规则》的强制反诉规则。参见陈杭平《"纠纷事件"：美国民事诉讼标的理论探析》，《法学论坛》2017年第6期。

不仅原告应当提出基于该事件可主张的所有请求（声明）或救济，根据《联邦民事诉讼规则》第13条（a）款，如果被告有与本诉请求源于同一交易或事件的反诉请求，也必须在本案中提出，否则便再无诉讼的机会。可以认为，强制合并制度将单个诉讼标的范围扩充至基于同一事件和交易产生的所有请求，当事人未提出的请求将受既判力的约束而不得在以后的诉讼中提出，即发生请求排除效。

作为诉讼标的界定标准的"纠纷事件/交易"，该术语想要说明的是"产生法律效力的事实（operative facts）的自然群体或者共同的内核"。决定何种事实群体构成一次交易，"需要从实用主义的角度加以判断，应当着重考虑：事实是否在时间、空间、起源、动机上相关，它们是否构成了一个方便的审理单位，将它们作为一个单位处理是否符合当事人的预期或商业认知、惯例"[①]。相应地，发生既判力的判决内容应该包括"原告按照交易的全部或部分内容或者引发诉讼的彼此相连的一系列交易，从被告那里获得救济的所有权利"[②]。比如 Fox v. Connecticut Fire Insurance Company 案就解释了同一交易检测标准。原告在前案中基于火灾保险政策而请求被告保险公司赔偿损失，胜诉后，原告又起诉要求被告给付其因为第一次诉讼而支出的费用，并要求惩罚性损害赔偿。第十巡回区法庭对后诉未予支持，因为两次诉讼中提出的损害赔偿都源于保险人拒绝支付这一行为。[③]

诉讼标的的"纠纷事件/交易"进路相对于大陆法系的传统诉讼标的理论而言，将一个"纠纷事件/交易"包含的所有实体权利都纳

---

① Restatement Second of Judgments 24, comment b (1982).
② Restatement Second of Judgments 24 (1) (1982).
③ 〔美〕杰克·H. 弗兰德泰尔等：《民事诉讼法》，夏登峻等译，中国政法大学出版社，2003，第630~631页。

入既判力客观范围，不论是否在一次诉讼中全部提起，因此不会发生请求权竞合导致的重复起诉问题。相对于新诉讼标的理论而言，"纠纷事件/交易"范围比"案件事实"或"生活事实"更广泛，并且当事人双方在此事件/交易基础上的所有实体权利都被强制纳入合并审理范围，诉讼请求的单复数已不是决定诉讼标的之因素，在一次性解决相关纠纷方面比新说更加彻底。美国学界和实务界认为"纠纷事件/交易"进路在追求司法效率与个案正义之间实现了最佳平衡。

为防止"纠纷事件/交易"标准的多样性①和模糊性损害既判力所需的确定性和可预见性，"纠纷事件/交易"主义对民事司法环境有很高的要求，包括当事人的诉讼能力②、律师代理率、法官司法技能、制度之规范许可等。而在我国，并不存在如此扩张诉讼标的容量的需求和背景/条件。我国诉讼程序并不十分复杂和消耗巨大，诉讼合并制度不健全，律师代理不普遍，当事人诉讼能力不高，如果过度扩张诉讼标的内容和既判力范围，会极大损害当事人的权益、而"纠纷事件/交易"标准的灵活性和模糊性还会导致裁判突袭、危及司法权威，故"纠纷事件/交易"主义并不适合移植到我国，在对其了解和研究

---

① 关于"纠纷事件/交易"的标准，有的法院从"实质事实"角度出发，有的法院从"诉因"依据的实体权利角度或制定法角度出发，存在多种判断标准。大量的判例积累既推动了法律发展，也给司法适用带来更多冲突、矛盾的观点。

② 美国的《判决重述》（第二版）指出，只有在当事人有足够的程序工具充分挖掘全部事实、有提出全部争议的能力时，采用事件说才是正当的。具体而言，具备以下条件才可采用如此宽泛的诉讼标的路径：其一，允许当事人在诉讼中提出所有与事件有关的材料，而不将其限定于某一种实体法理论；其二，允许当事人提出不一致的主张（以不违背其真实义务为前提）；其三，给予当事人在修改诉状方面相当大的自由，容忍其在诉讼过程中改变诉讼方向；其四，当事人可以借助强制性的开示程序确定与事件有关的事实。参见严仁群《诉讼标的之本土路径》，《法学研究》2013 年第 3 期。

的过程中我们须保持应有的克制。

第三节　我国的诉讼标的理论

一　法律用语和含义的演变

我国清末之前都没有完整的民事诉讼制度。清末《大清民事诉讼律》第一次将现代民事诉讼法律制度引入中国。《大清民事诉讼律》以"标的物"表达诉讼标的，如第 72 条关于普通共同诉讼的规定、第 75 条关于必要共同诉讼的规定、第 78 条关于主参加的规定以及第 168 条关于诉状应记载内容的规定。该律法中还偶有"诉讼目的物"的表达形式："当事人处分主义，乃当事人可以定诉讼资料范围之主义也。若民事诉讼之目的物属于当事人所得处分之私法上法律关系，则宜行此主义。"对此，参与《大清民事诉讼律》立法工作，其精神被认为直贯民事诉讼法草案的松冈正义认为，民事诉讼之目的物，是执行的或确定的私法的法律关系。[1] 根据《和独法律用语词典》，无论是诉讼目的物抑或诉讼物，他们指向的德文词均为 Streitgegenstand[2]，即诉讼标的。我国台湾地区"民事诉讼法"也在相应规定中以诉讼标的替换了诉讼物这一表达，如第 53 条对共同诉讼要件的规

---

[1] 陈刚主编《中国民事诉讼法制百年进程（清末时期·第二卷）》，中国法制出版社，2004，第 102、230 页。

[2] 〔德〕Bernd Götze：《和独法律用语词典》（第 2 版），成文堂，2010，第 440 页。转引自任重《论我国民事诉讼标的与诉讼请求的关系》，《中国法学》2021 年第 2 期。

定、第54条对主参加诉讼的规定、第56条对必要共同诉讼的规定、第244条关于起诉状表明事项和第205条关于诉之合并的规定。

1949年2月，中共中央颁布《关于废除国民党〈六法全书〉和确定解放区司法原则的指示》。中央人民政府法制委员会于1950年12月31日颁布的《中华人民共和国诉讼程序试行通则（草案）》规定得比较简单，也未使用诉讼标的概念，仅在第18条规定，刑事、民事案件的原告起诉，除应向有管辖权的人民法院提出起诉状，载明诉讼人、有关的事实及证据方法外，民事起诉状并应载明请求法院如何判决。1956年10月，最高人民法院印发《各级人民法院民事案件审判程序总结》（以下简称《程序总结》）。《程序总结》中有一处"标的"、两处"诉讼请求"实际指向了案件审理和裁判的对象：一是"经当事人和解撤回的案件，除有正当理由外，不得就同一标的再行起诉"；二是"在审理中，被告人提起反诉、原告人增加诉讼请求、增加当事人或第三人参加诉讼的，一般都可以合并审理"；三是"如果当事人在上诉中提出与原案无关的诉讼请求，可以另行处理"。之后在《程序总结》的基础上全面制定了《民事案件审判程序（草稿）》，共计84条。除了删去有关合并审理的内容，上述"标的"和"诉讼请求"得以保留。第1条"请求保护自己权利，或者请求保护依法由他保护的人的权利"者可以起诉的规定以及"原告人没有诉讼请求权的应当用裁定驳回"的处理表明民事诉讼对象是以实体权利主张作为识别标准的。1979年最高人民法院制定了《人民法院审判民事案件程序制度的规定（试行）》（以下简称《程序制度规定》），在民事诉讼法公布之前试行。《程序制度规定》与前述《程序总结》内容基本相同，但诉讼标的或标的之表述并未再出现，"诉讼要求"在《程序制度规定》中出现了5次，分别涉及立案条件、放弃诉讼要求和增加诉讼要求。① 有学者认为从《程序总结》《民事案件审判程序（草稿）》到《程序制度规定》，立法上采取了诉讼请求与诉讼标的之一元模式。② 但至少如"具体的诉讼要求""放弃诉讼要求"等表述应指向或包涵今天的"具体的诉讼请求"。

随着1982年《民事诉讼法（试行）》出台，法律文本中呈现诉讼标的和诉讼请求并立的规定。重新出现的诉讼标的主要作为共同诉讼和第三人不同法定类型的识别标准。诉讼请求则被更广泛应用于立法，包括起诉条件、起诉状记载内容、诉讼保全范围、增加诉讼请求、反诉和第三人提出诉讼请求、判决书记载事项。立法上分别规定诉讼标的和诉讼请求与起草小组由学者组成而学界将二者理解为不同概念有关。但由于对诉讼标的概念的理解与认识并不统一，1991年生效实施的《中华人民共和国民事诉讼法》（以下简称《民事诉讼法》）亦仅在共同诉讼、第三人制度和人数不确定的代表人诉讼中使用诉讼标的概念。有关诉讼请求的规则在《民事诉讼法（试行）》的基础上增加了诉讼请求的放弃、变更和反驳、调解书应记载事项，这些也被运用于人数不确定的代表人诉讼。此后的民事诉讼法相关司法解释也与基本法一样呈现"重诉讼请求，轻诉讼标的"的倾向。有关

---

① 涉及立案条件的规定是：凡有明确的原告、被告和具体的诉讼要求，应由人民法院调查处理的民事纠纷，均应立案处理。
  涉及放弃诉讼要求的规定是：原告人自动放弃诉讼要求的，经审查后可将案件注销。原告人经通知两次以上无正当理由不到庭，即可视为放弃诉讼要求，将案件注销。当事人自行和解而请求撤诉的，可予准许；财产权益案件的原告人死亡，其继承人放弃诉讼要求，或被告人死亡没有遗产也无人替他继续负担义务的，以及离婚案件当事人一方死亡的，即终止审理……
  涉及增加诉讼要求的规定是：被告人提起反诉、原告人增加诉讼要求、增加当事人或第三人参加诉讼的，一般可合并审理。
② 任重：《论我国民事诉讼标的与诉讼请求的关系》，《中国法学》2021年第2期。

立法虽然对于二者关系并没有进一步澄清或解释，但是明确区分二者，使之在不同范畴内发挥作用。

二 诉讼标的之"实体法律关系说"

1. 概念的形成

我国立法上并未明确诉讼标的概念。1956 年《程序总结》与 1957 年《民事案件审判程序（草稿）》均以"标的"和"诉讼请求"表达案件审理和裁判的对象，但未直接表达诉讼标的识别标准，仅从《民事案件审判程序（草稿）》第 1 条规定可以发现其更贴近以实体权利主张作为识别标准的传统诉讼标的理论。

我国有关诉讼标的概念的主流观点是"当事人之间争议的请求法院审判的民事法律关系"（以下简称法律关系说），属于旧实体法说范畴。采旧实体法说而非诉讼法说，与苏联立法和学说的影响有关，更与立法和司法观念上追求法律稳定和法治统一密切相关。我国诉讼标的理论借鉴了苏联立法和学说的理解。诉讼标的在苏联民事诉讼法及理论中作为诉的要素出现，并被定义为原告向被告提出的、要求法院对之作出判决的实体权利请求。在给付之诉中，诉讼标的不仅包括原告要求被告履行的债，还包括争执的民事法律关系。这相当于双诉讼标的的构造，即实体权利请求 + 争执的民事法律关系。① 不过与苏联法更侧重实体权利请求不同，我国有关诉讼标的之理论认为民事法律关系才是判断诉讼标的之决定性因素。以法律关系而非请求权为诉讼

---

① 〔苏〕C.H. 阿布拉莫夫：《苏维埃民事诉讼法》上册，中国人民大学民法教研室译，中国人民大学出版社，1954，第 225 页。

标的，与我国早期民事立法确立的"民事权利—民事义务—民事责任"法律体系有关。民法不是仅专注于保护权利的法，而是将权利义务责任统一考虑和贯彻的法。而诉讼标的概念本就并非单纯是个人权利保护产物，还兼具实体法及程序法政策之公益目的，采何种理论或概念范围，须结合本国司法理念、实务经验而确定，并确保其稳定性、可实践性。"法律关系说"是域外学说与本国理论研究、立法与司法实践长期结合发展的产物，是目前我国学界和实务界普遍认可的概念，最高人民法院《关于适用〈中华人民共和国民事诉讼法〉的解释》（以下简称《民诉法解释》）等也以"法律关系"为单位规范证明对象、释明对象。[1]

法律关系说的优点是便于法院识别诉讼对象、便于当事人确定攻击及防御的目标。虽然实务中也偶有以纠纷事实说作为重复起诉判断因素的案例[2]，但整体而言仍以法律关系说为主流观点和基本共识，只是对于如何理解"法律关系"并未进行深度解读。相对于请求权，法律关系具有弹性更大、层次更丰富的结构，应当从实体法出发、根据实践经验总结和发展。既要适当扩张诉讼标的容量，比如要求原告将基于一个法律关系可提出的各项请求尽量一次性提出、准许被告提出的抵销抗辩发生既判力，但是又不能将权利义务关系扩张到类似美

---

[1] 例如《民诉法解释》第91条关于证明对象的规定、2001年通过的《最高人民法院关于民事诉讼证据的若干规定》（以下简称《民事证据规定》）第35条关于法官释明的对象和2019年修正后的《民事证据规定》第53条关于审理焦点的规定等。
[2] EOS公司先后以不当得利和侵权为由起诉被告返还同一款项，最高人民法院认为两诉虽提出不同的诉讼理由，但属于基于同一事实提起的追回同一款项的纠纷，违反了"一事不再理"原则。参见（2003）民四终字第2号民事裁定书。类似观点还可见（2009）绍越商初字第2271号民事裁定书，案例来源：http://www.lawyee.net（北大法意）。

国"纠纷事件"主义的程度，以至当事人要么选择强制合并要么承受诉讼失权。

最高人民法院于2008年起施行的《民事案件案由规定》（以下简称《民事案由规定》），经过2011年、2020年两次修正，已经总结出与民事法律规定相适应的诸类案型，这些案由大多反映了案件所涉及的民事法律关系的性质，少部分案由是依据请求权、形成权或者确认之诉、形成之诉等标准确定的，还有部分案由的表述包含争议焦点、标的物、侵权方式等要素。《民事案由规定》对于指导当事人确定攻防策略、方便人民法院确定争议焦点和适用法律都有积极意义。比如甲因乙不依约交付出卖物而起诉要求乙履行合同义务并支付违约金，应提起"买卖合同纠纷"（第84项），该案的诉讼标的是甲乙之间的买卖合同法律关系；若乙认为买卖合同无效，可提起案由为"确认合同无效纠纷"（第76项之2）的反诉，该案的诉讼标的是甲乙之间买卖关系的效力问题。但不能直接将案由理解为诉讼标的，因为民事案由制度的基本功能是方便当事人诉讼和法院进行民事案件管理，并不直接规范或限制当事人的诉讼标的。除了价值目标使然，还因其可行性使然：一是案由归纳是司法经验的总结，有务实的特征，而并不是以旧实体法说诉讼标的为目标和模板；二是案由划分还达不到也不可能达到绝对的完整、细致，甚至有的案由并不直接反映争议的法律关系或权利。[①]

法律关系说只是对诉讼标的之一般性描述，具体到不同的诉讼类

[①] 有的案由只反映争议焦点、标的物、侵权方式等要素，并不反映法律关系。例如，《民事案由规定》第三部分"物权纠纷"之五"物权保护纠纷"下之38项"返还原物纠纷"，并未明确其具体的诉讼标的，诉讼标的需要根据实体法上的权利而定，既是基于所有权返还，还是基于使用权返还。

型,诉讼标的实际存在差异。于形成之诉,诉讼标的实际是当事人请求裁判某形成法律地位存在的权利主张,主张的是形成权;于确认之诉,诉讼标的是当事人请求确认或否认一定权利或法律关系的主张。较为复杂的是给付之诉,民事法律关系比请求权更具有多义性①和抽象性,导致实务中对给付之诉的识别因素呈现任意和不稳定的特征,尤其是当一个法律关系包含多个请求权(比如请求权聚合)时,诉讼标的是单数还是复数仍存疑问。笔者认为,必须发掘我国法律关系说的识别要诉,才能彻底解决给付之诉中法律关系与请求权的地位高低问题。

2. 我国法律关系说的特点

(1) 以要件事实为识别要素,发挥程序指示功能

我国诉讼标的概念是争议的"法律关系",是抽象的,个案中的法律关系需要具体的识别要素。识别争议的法律关系不能脱离具体的案件事实,否则诉讼标的将无法特定,审判对象也将模糊不清。

根据民事诉讼处分原则,当事人有特定诉讼标的之权利,原告有权请求法院就何种法律关系或权利作出某种救济性判决,被告仅须就原告主张的诉讼标的进行防御。请求权竞合的诉讼处置是各诉讼标的学说分歧集中之领域,诉讼法说以诉讼声明和案件事实同一为由将其认定为同一诉讼标的,有学者认为这种通过"请求+案件事实"确定诉讼标的之方案也不过是"将实体法上请求权具体化"的思路,仍然没能跳出旧说的框架。② 而在注重与实体法联系的旧(实体法)说

---

① 王亚新:《诉讼程序中的实体形成》,《当代法学》2014年第6期。
② 吴英姿:《诉讼标的理论"内卷化"批判》,《中国法学》2011年第2期。

中，欲使该事项在法律适用上能被纳进法律适用之三段论中进行处理，该事实必须被转为"陈述"的形态①，将法规范借用语言加以陈述，在个案中即表现为要件事实。可见，识别诉讼标的终究离不开要件事实这一识别要素。要件事实的提炼，需要"以寻求（诉讼标的与请求原因）二者的整合性为目的，在假定的诉讼标的与当事人提出的多种主张事实之间穿梭往返，反复比较"②。在我国，要件事实就是那些决定民事法律关系发生、变更、消灭或民事权利受到妨害的事实，是作为裁判规范的民法要件的具体事实。法律关系说必须依据要件事实对诉讼标的予以识别和特定化。要件事实是诉讼标的之发生根据事实，因此如果当事人改变了要件事实主张，使法律性质改变或增加新的要件事实主张，就会导致诉讼标的之变更或追加。

通过理论构建加深认识、经指导性案例予以类型化，贯彻要件事实这一识别要素，有助于促进实务操作的科学性、统一性，使诉讼标的这一抽象法学概念在实务中焕发生机、对推动诉讼发挥现实作用，将学术讨论转化为实践成果、实现理论研究与司法实践的良性互动。以要件事实作为判断标准，可以使诉讼标的在诉的变更与合并、既判力客观范围、重复起诉识别等方面问题都呈现具体可操作性，使其理论价值转化为实用价值、由体系性功能产出指示性功能。

一是完成立案审查的要求。法律关系说下的诉讼标的就是以要件事实为主张内容的特定的争议法律关系。我国民事诉讼起诉的条件规定在《民事诉讼法》第122、124和127条，法院立案审查的主要对

---

① 黄茂荣：《法学方法与现代民法》，法律出版社，2007，第233页。
② 〔日〕伊藤滋夫：《要件事实的基础》，许可、小林正弘译，法律出版社，2022，第356页。

象是起诉状。民事诉状须记载当事人、具体的诉讼请求和事实、理由。综合其中的"事实"和"理由"①两项来看，原告应提供一定的要件事实。诉状中要件事实的陈述能够初步确定法院主管和管辖的标准即可，因为立案登记制改革的意图就是"还原起诉本来的意义和作用，使得既有的案件受理制度从管控变为开放接纳……将实体判决要件植入起诉条件之中，也就不可能真正实现立案登记制"②。

实务中，法院立案部门要求当事人明确案由③并对之进行严格审查，变相提高了起诉门槛。例如在太合汇投资管理（昆山）有限公司诉绍兴众富控股有限公司买卖合同纠纷案中，上海市高级人民法院认为民事案件的原被告必须是诉讼标的法律关系的主体，太合汇投资管理（昆山）有限公司不是诉讼标的法律关系的主体，其以原告身份起诉，不符合起诉条件，应当裁定驳回起诉。④ 对诉讼标的、当事人正当性进行实质审查，会加大原告起诉难度，背离了为化解立案难而实行立案登记制的初衷，也混淆了不同诉讼阶段承载的制度功能与价值。对此，未来立法改革和实务操作应本着让人们接近司法的价值目标，将诉状中对事实陈述的要求降低，原告提供足以使诉讼标的个别化的事实即可。

---

① 如果将起诉的事项与裁判的结构相对应，此"理由"应当包括认定事实的理由和法律适用的理由，但对起诉书内容的要求还有"证据"一项，所以起诉要求的"理由"主要是指法律理由。
② 张卫平：《民事案件受理制度的反思与重构》，《法商研究》2015年第3期。
③ 2020年修订后，民事案由制度基本功能定位为人民法院进行民事审判管理的手段，确定案由并不是当事人起诉的法律要求，人民法院不得将其等同于法定起诉条件，不得以《民事案由规定》没有相应案由为由，裁定不予受理或驳回起诉，损害当事人的诉讼权利。有关案由制度的功能变迁，参见曹建军《民事案由的功能：演变、划分与定位》，《法律科学》2018年第5期。
④ 参见（2019）沪民初27号之一民事裁定书。

二是用于对诉的变更和追加（合并）的识别。要件事实对诉讼标的之识别作用使诉的变更和诉的追加（合并）有了具体可操作性——诉的变更和追加不是因当事人要求变更或追加诉讼标的即构成，而应考察主张的或查明的要件事实是否发生了实质变化和新的加入。[①] 例如原告从要求确认对被告占有的 A 物的所有权，改为要求确认对被告占有的 B 物的所有权，因为主张的要件事实在前后发生了实质变化，已不相同，所以是诉的变更。若原告维持确认对 A 物的所有权的请求不变，还要求确认对 B 物的所有权，则因其又主张了新的要件事实，与前诉构成不同但可以合并审理的诉讼标的。再如，原告从主张被告违约变更主张为不当得利，因要件事实变化而导致诉的变更。可见，诉讼标的同一性的识别必须以要件事实为标准。

三是用于既判力客观范围的确定与重复起诉的识别。诉讼标的同一性的识别必须以要件事实为标准。例如，当事人先后起诉合同无效导致的不当得利纠纷与违约纠纷，由于先后主张的是不同的要件事实，构成不同的诉讼标的。若前诉的胜诉目标未能实现，应允许原告以其他要件事实另诉，不能以事实相同、争议实质相同为由认定为重复起诉。[②]《民诉法解释》第 248 条关于裁判生效后发生新事实可以再诉的规定也反映了实务界认可和强调"事实"的异同对于识别诉讼标的异同的实质价值。因为发生于裁判生效之后的"新事实"既不是进行前诉时已经存在但未查明的事实[③]（包括当事人未提出的事实或

---

① 日本《民事诉讼法》第 143 条将"请求的基础"的变化作为诉的变更的条件；我国台湾地区"民事诉讼法"第 255 条也指出仅补充或更正事实上或法律上之陈述（或只是缩减扩张诉之声明的），不导致诉讼标的变更。

② 参见（2014）琼立一终字第 154 号民事裁定书、（2014）民申字第 1466 号民事裁定书、（2019）苏民申 265 号民事裁定书。

③ 参见（2021）甘民终 471 号民事判决书。

者当事人主张但被裁判遗漏的事实），也不是对经过裁判的事实以不同的要件事实另行主张，它就是发生于生效裁判之后的事实，只能作为新的要件事实，在此基础上成立新的诉讼标的，当事人对此当然有权起诉[①]而不受制于前判的既判力。例如，建工合同发包方以施工方拖延进度造成工程逾期为由诉请判决施工方支付违约金并继续履行合同，并取得胜诉判决。在被告拒不履行判决的情况下，原告为避免损失扩大，另寻其他施工单位继续完成工程。工程竣工后，原告再次起诉被告，请求判决其承担施工费用和相关损失。[②] 这是典型的发生新事实、出现新损害，构成新的诉讼标的。

（2）含义宽泛，满足程序增容的要求

诉讼标的概念兼具实体法及程序法之公益目的，受一国民法体系及民事诉讼制度目的、实务经验、司法政策的影响。《德国民法典》体系是以权利为核心构建的，根据请求权寻找解决纠纷的规范基础，是当今德国最为流行的案例分析方法。梅迪库斯相信，只要案例中提出的问题指向那些可通过请求权达到的目标，如支付金钱、损害赔偿、返还、停止侵害等，那么在解答案例时，就应当以能够产生这些法律后果的请求权规范作为出发点。[③]

我国的诉讼标的概念（尤其在给付之诉）为什么是当事人争议的

---

① 应当注意的是，实务中应避免无意义的以"新事实"另行起诉的情况。比如，前诉只要求判决被告支付借款本金及截至起诉时的利息，待取得胜诉判决后，又主张起诉之后被告持续违约而要求判决新发生的利息，这种情形完全可以通过完善前诉的诉讼请求（要求被告支付利息至实际支付之日），并在执行程序中加以解决，避免无意义的再次诉讼。

② 参见（2008）甬民一终字第56号民事判决书。

③ 〔德〕迪特尔·梅迪库斯：《德国民法总论》，邵建东译，法律出版社，2013，第70页。

请求法院裁判的民事法律关系而非请求权？"争议的民事法律关系"源自苏联关于诉讼标的理论的一个流派，在操作上实际是以实体法中的请求权作为判断标准的①，这也是旧实体法说的基本观点。笔者认为，不论是否在学说效仿过程中出现了偏差，目前作为主流观点存在的法律关系说和实务中的法律关系分析方法已经深入本土文化，我国的立法体例、法学教育和司法实践均建立在法律关系思维之上。继续以此为基准解释法律和指引司法实务，有助于讨论者形成共同话语，将研究深入下去、在体系化中提供具体问题的解决方案。

我国的法律关系说的内容其实也是以请求权为基础要素展开的。对于将实体权益的实现作为终极追求的当事人来说，以请求权基础为出发点提出主张和诉讼资料，具有实效；对于寻求合理稳妥解决纠纷方案的法官来说，以当事人主张的请求权基础为线索进行审理，符合经济原则、提高结论的可接受性，有其优势。但是，目前我国无论从法典体系还是民法知识结构、司法实践都遵循法律关系思维，主流观点认为法律关系由民事权利、民事义务和民事责任三者共同构成。②我国民事诉讼法的目的已从保护权利、维护私法秩序③转变为也强调纠纷适当解决④，这要求审判既关注当事人的权利、尊重处分原则，

---

① 常怡主编《民事诉讼法学》，中国政法大学出版社，2002，第90~91页。
② 陈甦主编《民法总则评注》，法律出版社，2017，第1255页；梁慧星：《民法总则讲义》，法律出版社，2018，第181页。
③ 《民事诉讼法》第2条规定了以实体权益保护为主的立法任务和目的。
④ 强调民事纠纷的适当解决，既包括程序公正、结果正确，还包括解决过程快速、经济以及彻底一次性地解决。民事纠纷的适当解决这一目标，在多次立法修正以及诸多司法解释中充分体现，比如增加诚信原则、审前程序改革、举证期限的要求、重视纠纷解决的多样化、案件繁简分流、明确反诉的条件、促进诉讼合并、撤诉的法律后果、禁止重复起诉等。

也要考虑案件的整体法律关系①以及诉讼的诚信原则、平等原则、公益价值，这些关注点都不限于单个请求权基础。我国民事立法和司法实践遵循的法律关系思维与诉讼标的的法律关系说相契合，将给付之诉的审判对象理解为"先决权利关系＋请求权（们）"②的整体法律关系，较单个请求权有更大包容性，在诉讼中照此理解诉讼标的，可以合理地增容诉讼对象。尤其是在诉讼爆炸的时代背景中越来越追求纠纷一次性有效解决的司法理念下，对法律关系说深入研究，可以挖掘出对现行诉讼制度改进的更多可能性，也更符合《民法典》的立法目的。③

一是解决请求权聚合的重复诉讼问题。实体请求权体系允许权利人在请求权聚合④（Anspruchshäufung）时，同时或先后主张数项请求权，也可以部分或个别主张之。如《民法典》第583条支持继续履行合同与获得损害赔偿的请求权聚合；身体或健康受到不法侵害者，可依《民法典》侵权责任编第二章一并主张医疗费、误工费等财产损害及精神损害赔偿金。聚合的请求权目的、内容均不同，是法律从多个角度分析损害、区分一个事实下的多种损害、提供多重互不排斥的救济，以供当事人从中进行选择和处分。但并不能从实体法理论得出权利人可以分别、多次诉讼的结论。民事诉讼制度除了保护实体权利，

---

① 比如，原告起诉的法律关系或民事行为性质与法官依据诉讼资料作出的认定不一致的，会将法律关系的性质或者民事行为效力作为焦点审理，并允许当事人变更诉讼标的。

② 苏伟康：《诉讼标的法律关系说及其修正》，《华东政法大学学报》2023年第4期。

③ 《民法典》第1条："为了保护民事主体的合法权益，调整民事关系，维护社会和经济秩序，适应中国特色社会主义发展要求，弘扬社会主义核心价值观，根据宪法，制定本法。"

④ 请求权聚合是指某项生活事实同时构成若干项请求权规范的构成要件，而这些请求权的给付内容并不相同，可得全部实现。

还有公正、经济地解决纠纷的重要目标。实体法允许权利人（在诉讼外）对同一纠纷事实产生的多项并存的请求权任意处分，是聚合型请求权的应有之义，然而当权利人诉诸公力救济，其行使诉权的方式、次数、内容都要受制于诉讼制度的目的，不再能完全由私人进行处分。

对请求权聚合现象，根据要件事实特定化的法律关系可以容纳聚合的所有请求权，我国的司法经验亦认同在同一法律关系中解决请求权聚合问题，《民事案由规定》大多以法律关系而非个别请求权作为识别标准即是这种思维的反映。例如民间借贷合同到期，借款人可要求贷款人返还借款本金及约定的利息。① 法院受理案件后应行使阐明权促使原告提出所有可能的救济要求以维护实体权益，原告应当在一次程序中完成权利处分，如果这些损害是已经发生和数额可以预见的，没有必要允许当事人另行起诉或者再诉。因为相关请求都建立在一个诉讼标的基础上，只能通过一个诉讼程序进行处理，确定判决对所有请求权产生既判力，而不允许重复起诉。

再如，甲被乙驾驶非机动车撞伤后寻求损害赔偿，这里存在一个非机动车侵权法律关系。② 由于要件事实唯一，在此要件事实之上可成立身体损害赔偿、财产损害赔偿、精神损害赔偿等多项请求权，即可将多项请求权纳入同一个诉讼标的。因此，最高人民法院《关于确定民事侵权精神损害赔偿责任若干问题的解释》（2001）（以下简称《民事精神损害赔偿解释》）第 6 条不支持就同一侵权事件另诉精神损害赔偿金，认为违反一事不再理原则。但在《民诉法解释》于

---

① 参见《民事案由规定》第 103 项"借款合同纠纷"之（3）"民间借贷纠纷"案由。

② 参见《民事案由规定》第 375 项"非机动车交通事故责任纠纷"案由。

2015年2月4日起施行后，依据该解释第247条不再认为对精神损害另诉的构成重复起诉，因为此时两诉的诉讼请求不同，后来《民事精神损害赔偿解释》也于2020年修正时删除了原第6条规定。而这种对请求权聚合的司法态度的变化，并不符合诉讼标的法律关系说的内涵及价值目标，也与彻底解决纠纷、防止重复起诉的制度目的不合。

二是解决部分请求的重复起诉问题。我国实务中存在颇多争议的"残部请求"许可性问题，根据法律关系说也能得到合理说明：依法律关系说，残部请求和部分请求的要件事实相同，属于一个诉讼标的，以此为由拒绝受理缺乏正当理由的残余请求也顺理成章。[①] 一般认为，当原告分割诉讼请求具备被告欠缺偿债能力、试验性诉讼等正当理由时方允许再诉。而再诉残部请求，须满足前诉已"明示部分请求""说明正当理由""获得胜诉判决"三项要求。[②]

三是可容纳积极抗辩、赋予抵销判决既判力。民法上的抵销包括法定抵销和合意抵销。法定抵销是在符合法定构成要件时，依一方当事人的意思表示使当事人互负的到期债务按对等数额消灭的抵销方式。抵销人的债权，称为主动债权或抵销债权；被抵销的债权，称为

---

① 参见（2011）民再申字第68号民事裁定书。当事人对同一个建筑工程的施工款进行分割提起两个诉讼。关于后案是否应受理，该裁定认为法院已经对涉案工程款全案作出了终审判决，在该判决作出后，劳服公司再次对涉案工程款另案提起诉讼，系对同一争议事实再次起诉，违反一事不再理原则，故原审法院裁定驳回劳服公司的起诉，有充分的事实依据。

② 关于部分请求的合理性及适用条件等争论，参见严仁群《部分请求之本土路径》，《中国法学》2010年第2期；黄毅《部分请求论之再检讨》，《中外法学》2014年第2期；蒲菊花《部分请求理论的理性分析》，《现代法学》2005年第1期；袁琳《部分请求的类型化及合法性研究》，《当代法学》2017年第2期；占善刚、刘洋《部分请求容许性的"同案不同判"及其规则——基于107份裁判文书的文本分析》，《华东政法大学学报》2019年第2期。

被动债权。① 作为被告的债务人，为消减原告提出的请求权基础，当然有权提出抵销等积极抗辩主张。《全国法院民商事审判工作会议纪要》（以下简称《九民会议纪要》）第43条就明确支持当事人在诉讼中以抗辩的方式或提起反诉的方式进行抵销。

不过，由于我国诉讼法上没有明确的诉讼抵销制度和效力规则，司法实务中一般不愿审判诉讼抵销。因为根据既判力理论，作为判决理由的抵销抗辩部分是没有既判力的，无法限制被告再次起诉。若被告的抵销抗辩被判决承认（或否认）但是又另诉前案的原告要求给付并受到判决支持（或驳回），除了浪费诉讼资源外，对不同判决结果进行排列组合，可能发生使前案的原告遭受损失、矛盾裁判等弊端。因此，法官宁可从源头拔掉"祸根"，也不接受和处理被告的抗辩主张，或者只在认为抵销抗辩不成立的情况下才在裁判理由中予以回应②，否则就会要求被告以反诉或者另诉的方式实施抵销之实。

问题是，若被告提出反诉，可能因不符合《民诉法解释》第233条要求的牵连关系而不被受理；若被告另行起诉，由于两个诉审理的进度不同、彼此无关，可能会导致确定判决的履行期限要求不同，使本可以同时抵销的债务呈现不同的实现可能性甚至有的无法实现。大陆法系很多国家和地区在立法上赋予诉讼抵销既判力③，使既判力在

---

① 王利明主编《民法学》，高等教育出版社，2019，第288~289页；韩世远：《合同法总论》，法律出版社，2011，第545页。
② 参见（2016）民再368号民事裁定书、（2009）民提字第32号民事裁定书，转引自刘哲伟《论诉讼抵销在中国法上的实现路径》，《现代法学》2019年第1期。
③ 《德国民事诉讼法》第322条（实质的确定力）："（1）判决中，只有对于以诉或反诉而提起的请求所为的裁判，有确定力。（2）被告主张反对债权的抵销，而裁判反对债权不存在时，在主张抵销的数额内，判决有确定力。"
《法国民事诉讼法》第500条："判决，凡不准许提出任何具有中止执行之效力的不服申请者，均具有既判事由之确定力。准许对其提出不服申请（转下页注）

不超出本诉请求金额的主张抵销数额内生效，直接解决了另案起诉造成的诉讼浪费、执行不同步、损害他人权利、矛盾裁判等问题。这种兼顾实体权利和诉讼公正的立法值得我国借鉴。

在法律还没有明确赋予诉讼抵销以既判力的情况下，笔者以为诉讼标的之法律关系说可以将被告的抵销抗辩和原告的权利主张容纳进一个程序中解决。在诉讼当事人之间进行攻击、防御的动态过程中，被告为了消减原告的实体请求权而要求抵销，既是防御也是攻击。换言之，因为诉讼抵销既是对原告请求权的抗辩，其本身也是法定的抵销权，属于形成权，即无须对方同意就可依意思表示的作出而发生法律效力，是在诉讼中处分私权的一种行为。对法律关系说进行目的[①]解释，可以合理说明被告的抵销权应当被考虑进法律关系的整体：诉讼是为了公正、经济地解决纠纷，将抵销权等对于妥善、彻底解决纠纷富有意义并关系密切的权利、义务扩充进来，无疑有助于纠纷解决目的的实现。此外，对抵销权进行审判也有现实制度依据。自2016年8月1日起新版民事诉讼文书样式实施后，审判实务中普遍遵循"争点"解决型审判思维，即"争点型"裁判文书制作要求推动了法

(接上页注③)的判决，如在规定的期限内没有提出此种不服申请，至该期限届满，亦取得既判事由的确定力。"

《日本民事诉讼法》第114条（既判力的范围）：第一款"确定判决，只限于包括在主文之内的判断有既判力"，第二款"对于为相抵而主张的请求成立或不成立的判断，只对以相抵对抗的金额有既判力"。

我国台湾地区"民事诉讼法"第400条规定："除别有规定外，确定之终局判决就经裁判之诉讼标的，有既判力。主张抵消之请求，其成立与否经裁判者，以主张抵消之额为限，有既判力。"

① 即前文所说的，诉讼标的概念兼具实体法及程序法之公益目的，应与民法体系及民事诉讼制度目的、司法政策相符。

院审判活动以解决案件争点[①]为核心内容。争点裁判回应当事人的关切需求，能彻底解决纠纷并且裁判效率高，是颇受各界欢迎和务实的裁判方式。被告提出诉讼抵销的，案件即出现了诉讼标的争点、事实争点，法院对争点进行审判，有益于争点裁判的价值实现。

当然，诉讼抵销还有其他实现方式，有学者提出在被告另行起诉后本诉法院裁定诉讼中止，等待抵销主动债权的审理结果，之后再作出抵销抗辩是否成立的认定；或者扩张解释反诉的牵连性，将诉讼抵销按反诉处理等[②]，这些方式能避免直接抵销造成的诉讼费用流失、法官对案件数量统计的遗憾，可以提高法院支持诉讼抵销的动力，但也都需要时间去争取和实现。同样，为了弥补目前无相关立法状态下的实务缺陷，法律关系说也提供了一种制度改进的理论可能性。可以说，我国的法律关系说超越了实体法上请求权概念，不再仅限于传统诉讼标的论的具体的、"最小单位"的"权利主张"，因此在程序上比旧实体法说有程序增容、一次解决更多相关纠纷的优势。

小 结

在各诉讼标的学说中，关于形成之诉、确认之诉的识别标准基本一致，即确认之诉可依请求确认或否认的法律关系（之声明）来确定

[①] 案件的类型化争点包括诉讼标的争点、事实争点、法律争点、可协调争点等，参见张广、戴蕾《民事诉讼中"争点型"判决书的制作》，2018年全国法院第二十九届学术论文讨论会论文。

[②] 刘哲伟：《论诉讼抵销在中国法上的实现路径》，《现代法学》2019年第1期；陈桂明、李仕春：《论诉讼上的抵销》，《法学研究》2005年第5期。

诉讼标的，以及形成之诉可依主张的形成权来确定诉讼标的，至于不同的法律原因不影响诉的识别。各学说的分歧主要集中在给付之诉中，尤其是请求权竞合的情形下如何确认诉讼标的单复数。

实体法说内部坚持考虑实体法上的请求权理论，从旧实体法说到新实体法说的变化也遵循了请求权竞合理论从粗放理解到精致分类的理论变迁，同时在处理重复诉讼、既判力等问题上也兼顾程序法的效率、公平原则与实体法价值目标的融合。

诉讼法说认为诉讼标的是诉讼上请求，系以原告对被告请求给付之法律地位之单复异同作为判断标准，而与实体法上权利义务关系个数无关。由此，诉讼法说最注重诉的声明在识别诉讼标的时的作用；案件事实虽然也重要，但在各类案件中重要程度取决于仅靠诉的声明是否足以识别个别纠纷。可以说，诉讼法说将解决纠纷视作比保护私权更重要的目标，故在学说上不依赖实体法律关系或权利，但在需要讨论案件事实个数时面临如何认识的困难，而且脱离实体法上权利的概念导致很多无法自圆其说的理论困惑。虽然诉讼法说在解决请求权竞合问题时优势明显，但这里隐含了一个真实的悖论：要想回避实体法上请求权竞合理论适用于诉讼中的不合理现象，先要了解什么是请求权竞合，而后才能对这类案件事实、诉的声明进行类型化，再以所谓"诉讼上请求"理论去解决它，这说明诉讼法说仍然绕不开实体法上的权利判断。

为了缓和新、旧学说的缺陷，相对说试图将多变的标准适用于不同的诉讼类型、诉讼阶段，以实现诉讼标的应有的功能，赋予诉讼标的灵活、裁量、可变的内涵，但也意味着顾此失彼、审判对象不明确及程序不安定性，不但对实践者能力要求苛刻，也很难被追求法律统一的思维所接受。

诉讼标的采用何种理论，涉及一国法律适用者对于其审理范围及裁判结果拘束力范围之法政策判断，有实体权利保护及诉讼法上诉讼经济及避免裁判矛盾等因素之衡量，具有公益性，须结合本国司法理念、实务经验而确定。笔者认为，实体法说考虑到诉讼法与实体法衔接功能，有关诉讼标的理论可以随实体法理论的发展变化进行修正完善，并为其内涵赋予程序法上的制度价值，在我国这样的法制初步完善、追求司法统一与稳定和方便当事人诉讼的现实基础和需求下，实体法说优势明显、更为可取。而我国特色的法律关系说是域外学说与本国理论研究、立法与司法实践长期结合发展的产物，已为学界、实务界普遍接受，将给付之诉的审判对象理解为"先决权利关系+请求权（们）"的整体法律关系，相较于请求权说，有程序增容的效果，在"案多人少"的语境下，更符合权利保护与一次解决纠纷的诉讼目标。出于稳定性、统一性的考虑以及自身优势的保持，目前仍应坚持这一学说。

| 第二章

诉的客观要素之诉讼请求

诉讼请求是民事诉讼中人们经常使用的概念,也是一个具有多义性的概念。认识与确定这一概念的含义,既要从其源头、发展变化进行梳理,以便了解产生发展的原因;也要尊重人们对这一概念的一般认识或习惯性认识,以便构建讨论的基础和便于人们接受。①

第一节 我国诉讼请求的立法演变与含义

一 诉讼请求规定的立法演变

整体而言,我国立法上有关诉讼请求的规定经历了从无到有、从等同于诉讼标的到与诉讼标的相区分并在具体制度中越来越被重视的过程。

如前文提及,《大清民事诉讼律》的条文以诉讼目的物或诉讼物

---

① 张卫平:《诉讼请求变更的规制及法理》,《政法论坛》2019年第6期。

表示诉讼标的,其中并未直接出现诉讼请求或类似表达。1956年《程序总结》中有两处"诉讼请求"与调解规定中一处"标的"均指向案件审理和裁判的对象。1957年《民事案件审判程序(草稿)》也保留了"标的"和"诉讼请求"的表达方式。1979年《程序制度规定》中以诉讼要求的表述替换了诉讼请求,而诉讼标的或标的未再出现。可以认为1956年之后这三部法律规定中的"诉讼请求""诉讼要求"概念等同于诉讼标的。

立法上将诉讼标的和诉讼请求代入不同制度出现于1982年的《民事诉讼法(试行)》。该文本以诉讼标的作为共同诉讼和第三人不同法定类型的识别标准,在同一条文中也使用了诉讼请求的表述,以此表明二者在诉讼中的不同作用。诉讼请求被用于指引当事人活动和拘束法院审判行为的具体制度之中,包括起诉条件、起诉状记载内容、诉讼保全范围、增加诉讼请求、反诉和第三人提出诉讼请求。1991年《民事诉讼法》延续了《民事诉讼法(试行)》"重诉讼请求,轻诉讼标的"的做法,诉讼标的概念的频次从6次变为7次,还在新增加的人数不确定的代表人诉讼条文中使用。诉讼请求概念的使用频次则从9次变为14次,除诉讼请求的放弃、变更和反驳、起诉条件、起诉状应记载内容、诉讼保全范围、合并审理和判决书应记载事项外,也被运用于人数不确定的代表人诉讼和调解书应记载事项。《民事诉讼法》经过2007年、2012年、2017年、2021年、2023年五次修正,诉讼标的作为共同诉讼、代表人诉讼、第三人的识别标准稳定出现,诉讼请求则在起诉、审判、调解、再审(理由)等具体审判程序中发挥作用。尽管出现的比重不同,含义也有一定交叉,但在立法上基本确定了诉讼标的和诉讼请求二元模式的体例。囿于诉讼标的是将学理上概念引入立法,具有相当的抽象性,我国立法更重视对诉讼请求的规范和操作价值。相对于诉讼标的，实务中更强调对诉讼请求的理解和把握。

二 诉讼请求的含义

德国早期民事诉讼法及其理论对我国立法和研究有一定参考意义。在诉讼请求对应的最大语义范围上，诉讼请求至少对应以下三个德文术语，分别是 prozessualer Anspruch（诉讼请求或诉讼上请求）、Klagebegehren（起诉要求）和 Klageantrag（诉的申请或诉的声明）。① 在萨维尼看来，诉权、诉讼标的和诉讼请求（prozessualer Anspruch）是同等概念。诉讼请求源于诉，诉一般是指当事人对特定双方之间，就特定的法的主张——权利主张（诉讼上的请求）向特定法院要求对其诉讼请求作出一定裁判的诉讼行为。诉讼请求（诉讼上的请求）可以说具有三重含义——广义、狭义和最狭义。广义的诉或诉讼请求，既指向法院也指向对方当事人。作为对法院的要求，当诉或诉讼请求符合诉讼要件时，法院就必须对诉的实质内容——诉讼请求作出本案判决（争议的实体问题的判决）。狭义的诉或诉讼请求是原告向被告提出的权利主张。最狭义的诉或诉讼请求是指实体请求的权利本身，学界常将其等同于诉讼标的。② 在诉讼标的作为诉讼法上的理论得以独立发展之后，诉讼请求一直内藏于诉讼标的旧实体法说的理论之

---

① 任重：《论我国民事诉讼标的与诉讼请求的关系》，《中国法学》2021年第2期。李大雪教授将 Klageantrag 翻译为诉讼请求，参见〔德〕罗森贝克等《德国民事诉讼法》，李大雪译，中国法制出版社，2007，第522页。

② 〔日〕新堂幸司、福永有利编集《诉·辩论的准备》（《注释民事诉讼法(5)》），有斐阁，1998。转引自张卫平《诉讼请求变更的规制及法理》，《政法论坛》2019年第6期。

中。德国法的上述理解成为苏联民事诉讼理论的底色，并对我国民事诉讼法学产生深远影响：将诉讼标的（主要是给付之诉）识别标准理解为作为整体的争议法律关系。直到新诉讼标的理论出现，诉的声明与案件事实成为判断诉讼标的之基本要素，诉讼请求才成为独立的民事诉讼法学上的概念。《德国民事诉讼法》第253条第2款规定诉状应记载"提出的请求的标的与原因，以及一定的申请"，此申请即"诉的声明"，不应被理解成诉讼标的（Streitgegenstand）意义下的诉讼请求。日本法上以"诉讼趣旨"表示诉讼请求。我国台湾地区则延续了"诉的声明"这一表述，并在起诉的法律要求上区分了诉的声明与诉讼标的。[①] 法国法将诉讼请求称为"诉讼的目标"，亦有别于诉讼标的。

在对苏联法上标准进行调整和改良之后，我国立法关于诉讼标的与诉讼请求呈现二元模式的体例，但含义存在交叉、模糊现象，给司法实践带来很多认识分歧和操作差异。不过学界和实务界大多认为二者系密切关联的不同事物：诉讼标的是当事人争议的请求法院审判的民事法律关系；诉讼请求是建立在诉讼标的基础上的具体权益请求[②]，是当事人对诉讼所欲获得的具体法律效果的主张。我国学界接受苏联教科书中的观点，在诉的客观要素意义上理解诉讼请求和诉讼标的，

[①] 我国台湾地区"民事诉讼法"第244条第1款要求原告起诉时明确当事人和诉的声明，第2项还要求原告提出"诉讼标的及其原因事实"。

[②] 柴发邦等：《民事诉讼法通论》，法律出版社，1982，第193页；常怡主编《民事诉讼法学》，中国政法大学出版社，1994，第127页；最高人民法院民事审判第一庭编著《最高人民法院新民事诉讼证据规定理解与适用》，人民法院出版社，2020，第498页；最高人民法院修改后民事诉讼法贯彻实施工作领导小组编著《最高人民法院民事诉讼法司法解释理解与适用》，人民法院出版社，2015，第635页。

但对于诉讼请求的概念和与诉讼标的之关系上存在不同认识。首先，关于诉讼请求与诉讼标的二者关系的认识大致有一元论和二元论之分。认为诉讼请求与诉讼标的同一的学者，比如张卫平教授认为诉讼请求是原告通过法院向被告主张的法律上的权益，从狭义层面看，就是审判的对象，因而与诉讼标的等值，并且德、日、意等大陆法系国家均未使用诉讼标的概念，而是使用诉讼请求的概念；李浩教授将诉讼标的之概念限定为当事人具体的权利主张；任重教授认为在当今诉讼标的旧实体法说占主导地位的情况下，诉讼标的与诉讼请求不得不作为同一概念理解。认为诉讼请求与诉讼标的不同的学者，比如汤维建教授指出诉讼请求必须明确、具体，它以诉讼标的为产生和存在的法律基础，是原告起诉时确定的请求法院判决的范围；吴英姿教授认为诉讼标的理论研究不足，导致司法解释将诉讼请求概念与诉讼标的概念混用，即认为二者并不相同。① 其次，对于诉讼请求的性质有不同理解，即它究竟是权利主张还是诉讼主张，以及相关的，它是通过法院向对方当事人提出的主张还是向法院提出的要求。对此，张晋红教授认为诉讼请求是一种诉讼主张，是当事人与对方当事人之间发生的民事法律关系纠纷的处理方式提交法院，并成为法院审判客体的诉讼法上的主张；而谭兵教授则认为诉讼请求应当限于实体法上的意义，是权利受损方当事人向相对方提出的解决争议、恢复自己权益或弥补自身损害的具体方案；罗筱琦教授也将诉讼请求理解为是原告根

---

① 张卫平：《论诉讼标的及识别标准》，《法学研究》1997年第4期；张卫平：《诉讼请求变更的规制及法理》，《政法论坛》2019年第6期；李浩：《走向与实体法紧密联系的民事诉讼法学研究》，《法学研究》2012年第5期；任重：《论我国民事诉讼标的与诉讼请求的关系》，《中国法学》2021年第2期；汤维建：《也论民事诉讼中的变更诉讼请求》，《法律科学》1991年第2期；吴英姿：《诉讼标的理论"内卷化"批判》，《中国法学》2011年第2期。

据实体法上的实然或应然权利,但认为是针对法院提出的要求法院予以判决的请求。①

关于诉讼请求的概念和属性,笔者认为,首先,在立法采诉讼请求和诉讼标的二元体例的情况下,应承认二者的不同。至于立法和实务上的混淆,应通过理论探讨、司法解释和案例累计等方式加以澄清,将诉的这两个客观要素纳入一个尊重和适应本土司法文化和经验的理论体系,指导实践和促进立法改进。其次,随着民法理论的发展和民事立法的确认,民事主体享有的权利已不限于有明文规定的权利,而是包括法定权利在内的一个更广泛和开放的民事权益体系,这个体系既可以经过实体法律规定加以发展,也可以通过民事诉讼及其立法予以开发和增容。所以,诉讼请求的内容不限于民事权利,也不限于民事权益,还可以包含程序性要求,比如第三人撤销之诉就包括撤销他人之间生效裁判的诉讼要求。最后,诉讼请求是通过法院判决才能对其他当事人发生法律效力的,在此意义上,它是向法院提出的审判要求;但履行给付判决的主体是其他当事人,确认判决是对当事人宣告甚至是对世宣告,形成之诉判决是变更当事人之间的法律关系,在此意义上,诉讼请求最终指向的主体并不是法院,而是其他当事人等,只不过借助了司法审判的方式。因此,可将诉讼请求定义为:当事人需要在起诉时予以明确的、向法院或通过法院向对方当事人提出的实体权益主张②,是当事人对诉讼所欲获得的具体法律效果

---

① 张晋红:《民事之诉研究》,法律出版社,1996,第16页;谭兵主编《民事诉讼法学》,法律出版社,1997,第79页;罗筱琦:《民事判决研究:根据与对策》,人民法院出版社,2006,第22页。
② 诉讼请求在较少情况下也可能是程序性要求,比如要求撤销他人之间的生效裁判的第三人撤销之诉。

的主张，在此意义上与二分支说之"诉的声明"基本相当。

具体到不同类型的诉，诉讼请求的内容也不同。给付之诉的诉讼请求体现为原告诉请法院判决被告承担一定给付义务，胜诉判决的内容有可执行性。确认之诉的诉讼请求是请求法院判决确认特定法律关系、民事权利存在或不存在，胜诉判决有确定力。由于给付之诉的审判要先确定给付的请求权基础存在与否，即给付之诉一般涵盖确认之诉的范围，故单独提起确认之诉须有特殊的利益（确认利益）。形成之诉的诉讼请求是请求法院判决变更现有法律关系，胜诉判决有形成效力。

第二节　我国诉讼请求的法律要求

人的行为、制度的设计总是以目的为导向。诉讼请求就是当事人诉讼追求的目标，涉及从起诉要件到诉讼中处分对象、审判范围、执行程序等各个方面，贯穿民事诉讼全程。

诉讼程序从原告提出诉讼请求开始，原告应当设定诉讼请求的理论基础在于处分原则的要求和平衡诉辩关系的要求。[①] 当民事纠纷发生时，是否向法院起诉以及提出什么救济要求都遵循私法自治原则，由原告在法律范围内自行处分。而为了让被告能明确如何防御以及法院有针对性地审判，原告也必须在起诉时确定其诉讼请求。

诉讼请求，在法国称诉讼的目标，日本称诉讼趣旨，我国台湾地区称诉的声明。世界各国（地区）的民事诉讼立法都在起诉条件中对其加以规范。诉讼请求的法律要求是必须明确，一般合法性也

[①] 朱建敏：《民事诉讼请求研究》，武汉大学出版社，2020，第47~48页。

是其应有之义。

一 诉讼请求的明确性

诉讼请求明确是各国民事诉讼法对起诉成立的基本要求。① 诉讼请求应当有明确具体的内容，这种具体是相对于法律构成要件中抽象的法律效果而言的，是当事人希望的将抽象的法律效果置于具体的案件中所呈现的权益状态。诉讼请求若不具体，审判的内容就无法确定，双方当事人的攻击及防御也就没有了目标。

诉讼请求一般有以下几类：一是请求人民法院确认某种法律关系，比如请求确认原被告双方的收养关系、请求确认某公民失踪或死亡；二是请求对方当事人履行给付义务，比如请求对方赔偿损失、请求对方履行合同义务；三是请求变更或者消灭一定的民事法律关系，比如请求离婚、请求变更或者撤销合同。② 将各类诉讼请求具体化，才能让法院了解当事人的诉讼追求、大致的审判方向，也使判决主文明确化，给付判决的内容可以得到有效执行、确认或变更判决的内容为利害关系人所了解。但从不同诉讼阶段的制度目标看，立案阶段诉讼请求的具体化程度应低于对判决主文的要求。

诉讼请求的明确性要求可以通过以下几方面把握。一是明确具体、无歧义。确认之诉或变更之诉的诉讼请求应具体到法律关系主

---

① 《德国民事诉讼法》第 253 条第 2 款第 2 项要求原告在诉状中明确诉的声明；《日本民事诉讼法》第 133 条第 2 款要求原告在诉状中载明"请求的趣旨"及请求的原因，以使原告对被告的权利主张与其针对法院的特定胜诉判决之要求得以具体化。

② 全国人大常委会法制工作委员会民法室编著《中华人民共和国民事诉讼法条文说明、立法理由及相关规定》，北京大学出版社，2012，第 199~200 页。

体、确定到不可拆分的最小单位的法律关系；给付之诉的诉讼请求应明确行为方式或给付金钱的数额、计算方法、履行方式、期限、地点等内容，根据个案具体作出判断，实务中一般以能够明确执行作为基本判断标准。有的案件在起诉时尚不能确定给付金额或计算方法，但随着调查和辩论的展开能够最终确定数额，也可认为符合诉讼请求明确的要求。例如借贷纠纷案的原告为了将被告持续违约的损失也计算在内，以便得到更完整的救济，可将有关利息的诉讼请求表述为"被告依约定的×年利率支付自×日起至实际支付之日止的借款利息，暂算至起诉时为×元"，因为可通过审理形成明确的计算标准或数额，也是符合具体性要求的。对诉讼请求具体性进行立案审查时，若不能从诉讼请求的表述中发现使诉请内容明确化的途径、方式的，就应认为是不够明确。例如，在郝某诉北京百度网讯科技有限公司侵犯著作权一案中，对于原告提出的"采取有效措施制止侵犯我著作权的行为再次发生"的诉讼请求，法院就以"何为有效措施，郝某未给予说明并提交证据，且有效措施会随着认识的提高和技术的发展不断完善，具有不确定性"为由未予支持。[①] 相反，在顾某诉某物业侵犯隐私权一案中，原告的诉讼请求列明了明确、可执行的维权措施：物业删除他的人脸信息，通知对他人脸信息的处理，并出具相关信息已删除完毕的书面证明，为他提供其他能保证隐私权的便利出入诚基中心的方式，以及赔偿律师费用和诉讼费用。

二是应以明示方式提出，无须解释或推导。当事人起诉时，应在诉状中明确诉讼请求，否则起诉不合格；案件审理过程中，诉讼请求的增减、变更都应明确向法院提出，否则不发生诉讼请求变化的法律

---

① 参见（2012）海民初字第5549号民事判决书。

效果。裁判文书中，法院应针对每一项诉讼请求作出支持与否的确定宣告，漏判或超判则构成上诉和再审事由。诉讼中的明示应以文书或笔录记载的方式进行，内容不需进一步解释或推导。例如在中材公司与大冶公司等购销合同纠纷再审一案中，最高人民法院指出，"虽然中材公司在庭审辩论阶段作出'即使是融资合同，诉讼请求也是要求被告返还货款，赔偿损失''法庭若认定本案系融资合同则原告方同意变更相关诉讼请求'的表述，但始终未就诉讼请求的变更提出明确、具体的申请"不能得出其明白无误地同意变更诉讼请求的结论，不能产生变更诉讼请求的法律效果。①

三是诉讼请求明确不要求正确和融洽。诉讼请求作为当事人对诉讼目标的主观表达，其内容属于当事人的处分范围。法院应尊重当事人的处分权，即便当事人所提诉讼请求不是最经济、最合理或解决纠纷的最佳方案，也不应进行职权干预。如果当事人一并主张竞合的请求权，不应以诉讼请求不明确为由驳回诉讼请求②；如果当事人提出的多项诉讼请求之间存在矛盾，也不能以不明确为由要求修改或不予受理，法院可以释明当事人提出预备合并之诉或者准许其进行选择、修改。例如在甘肃省国营八一农场确认股东会决议无效一案中，原告在要求确认股东会决议无效的同时，还请求确认该股东会决议增资对应的股东权益归其所有。这两个诉讼请求虽然是相互矛盾的，但八一农场提起的两个诉，诉讼要素齐全，均符合民事诉讼法规定的立案标准，当事人可以在前一个诉的请求不被支持时，退一步选择主张后一

---

① 参见（2016）最高法民申1426号再审审查裁定书。
② （2019）鲁10民初132号判决书以原告对请求权竞合未予选择而是同时主张，属于诉讼请求不明确为由不予支持，侵害了原告的诉讼权利，影响了当事人的权利保护。

个诉的诉讼请求，对当事人的两个诉，人民法院均应立案受理。二审法院裁定驳回起诉，属于适用法律错误。[①] 当事人提出矛盾的诉讼请求要求一并审理时，并非诉请不具体，不影响法院审判的确定范围。

二 诉讼请求的合法性

合法性是诉讼行为的基本要求，也是诉讼请求内容的应有之义。明显不合法的诉讼请求缺乏法律支持、提请审理浪费司法资源、对其他当事人有失公正。在立案审查阶段发现这类诉讼请求的，应要求当事人进行补正；不予补正或补正后仍不合格的，应不予受理。

合法性从积极角度看，是指请求实现的权益是法定权益或应予保护的利益。实体法有滞后性同时也具有开放性，可以通过解释进行增容。民事诉讼请求的范围也应当是开放和灵活的，除了包括法律明确规定的权利，还可以包括尚未被明确规定的其他"权益"，发挥诉讼之发展实体法的功能。若原告提出的诉讼请求与其有利害关系（或具有诉讼实施权）并具有保护利益，即可认为具备一般合法性。比如，在《民法通则》未明确规定隐私权、个人信息保护权的时代，要求保护隐私权、个人信息的诉讼请求也是合法的。但如果要求法院审判那些不具备或不属于法律调整价值的利益的对象，诉讼请求就不合法。比如请求确认恋爱关系、消除某学术观点，都不在法律调整范畴之内，起诉自然不合法。

从消极角度看诉讼请求的合法性，是指诉讼请求的内容不得违反法律强制性规定和公序良俗。如果诉讼请求的内容包含无效的行为内

[①] 参见（2019）最高法民再152号再审民事裁定书。

容或悖俗的要求，起诉就具有无效性，无法通过立案审查。比如要求判决确认未成年人婚姻有效、解除血缘关系、交换伴侣等，可以从诉讼请求的表述直接确定起诉不合法。

第三节 诉讼请求与诉讼标的

我国民事诉讼立法以诉讼标的表达争议的法律关系，以诉讼请求表达原告起诉所要实现的具体权益要求。在二元制立法体例的支持下，学界和实务界整体上对诉讼请求与诉讼标的是加以区分的。认为诉讼请求（或诉的声明、请求旨意）是原告以诉讼标的为基础提出的具体实体请求或主张，是诉讼标的中的民事权益在个案中的反映。各界也都认为二者联系密切，相互结合构成诉权的实体内容，才能表明当事人的具体权利主张，从而确定法院的实质审理对象[1]，但法规表述和实务中还是常常将二者混用，客观上增加了二者的区分难度。

一 澄清差异——论证的基础与论证的目标

诉讼标的是指当事人之间争议的、原告请求法院裁判的实体权利或者法律关系主张。诉讼请求是当事人基于特定的民事法律关系（或形成权）向法院提出的具体权益要求（主要反映为实体权利上的要

---

[1] 江伟、肖建国主编《民事诉讼法》，中国人民大学出版社，2015，第24页；汤维建：《民事诉讼法学》，北京大学出版社，2008，第72页；常怡主编《民事诉讼法学》，中国政法大学出版社，2002，第91页；江伟、邵明主编《民事诉讼法学关键问题》，中国人民大学出版社，2010，第142页。

求，也有部分是诉讼法上的权利要求）。二者的外在区别有：明确诉讼请求是起诉的法定要件，而诉讼标的无须在起诉时列明；诉讼请求具体，而诉讼标的相对抽象；个别诉讼请求在量上的增减、变化不改变诉的性质，而诉讼标的之变更导致诉的变更。但二者的最重要区别还在于司法论证中的充当的角色。

诉讼请求是当事人希望获得何种范围和方式的救济的意思表示，但这些权益要求只体现了当事人自己的主观意愿，能否得到判决支持取决于提交的争议法律关系或实体权利基础是否恰当以及能否得到证明。换句话说，原告起诉所欲达之目标能否获得判决支持取决于有利于原告的司法论证是否成立。这个司法论证的对象是要件事实是否成立以及推出何等法律效果，即司法论证围绕诉讼标的而展开。

脱离诉讼标的去讨论诉讼请求，就缺乏司法论证的基础资料，因此当事人要提供事实与理由；脱离诉讼请求去争辩诉讼标的，则失去论证的目标与方向，因此法律要求当事人明确诉讼请求，二者实为论证目标与客观基础的表里关系。说诉讼标的是实质的审判对象，因为即便有人主张所谓"审判围绕诉讼请求展开"，这只是看到诉讼请求引导审判方向的表象，而审判所经历的司法论证是围绕当事人认为可以支持其诉讼请求的诉讼标的的实质展开的。在我国法律关系说下，司法论证是将具体的生活事实涵摄于法律构成要件并逻辑地推导出法律效果，即是否支持诉讼请求的结论，在此过程中，法律关系如何是论证的核心与基础，是否支持诉讼请求只是论证的结论。

例如在郝某诉北京百度网讯科技有限公司侵犯著作权一案中，原告提出的诉讼请求之一是关闭百度文库，但法院认为"百度文库具有文化传播等方面的进步意义，具有实质性非侵权用途""百度公司作为经营百度文库的信息存储空间服务提供者，在对百度文库的经营管理中，有自己法定的权利和义务，也会为自己的违法行为承担相应的法律责任"，被告虽有侵权行为，但"要求关闭百度文库的主张并无法律依据"；原告的诉讼请求之二是赔礼道歉，但因未能解释其法律依据，亦未主张其人身权被侵犯，也未获判决支持。[①] 未支持这两个诉讼请求的实质原因分别是要件事实不成立、没有提供要件事实主张，即论证基础不能成立。

澄清诉讼请求、诉讼标的二者差异，便能体会立法语言和规则上区分二者的用意、合理解释在诉讼运行过程中的各种诉讼现象和诉讼行为。例如，《民事诉讼法》第57条第1款规定"诉讼标的是同一种类"的多数当事人是指争议的法律关系是同种类的普通共同诉讼人，第3款规定诉讼代表人"变更、放弃诉讼请求或者承认对方当事人的诉讼请求"则是指变更、放弃、承认具体的权益要求。二者在诉的客观要素中所处地位、作用不同——诉讼请求是诉讼目的、司法论证的目标，是诉的形式客观要素；诉讼标的是司法论证的核心和基础，是诉的实质客观要素，其成立决定了当事人可以提出哪些诉讼请求。在诉的识别（包括重复起诉的判断）、诉的合并、诉的变更、既判力的客观范围等问题上，诉讼标的才是根本的判断标准。鉴于二者如此密切的形、实关系，可以认为诉讼请求与诉讼标的共同构成诉的客观要素（广义的审判对象）。

二 各归其位——明晰"诉讼请求"规则之本义

前文探讨了在我国立法和学理上（狭义）诉讼标的与诉讼请求之

[①] 参见（2012）海民初字第5549号民事判决书。

应然内涵，但法律规定存在概念混用的情形①，以致实务中对二者关系的把握较为混乱。笔者认为，应当明晰二者在诉讼中的不同功能价值，对法律规定进行目的解释和体系解释，澄清诉讼请求之本真含义。

一是现有诉讼请求变更之规定包含具体权益主张的变更和诉讼标的之变更，须仔细甄别。《民事诉讼法》第54条将当事人对诉讼请求的"变更"与"提起反诉"并列，在能够确认反诉构成独立的诉的情况下，依体系解释，此诉讼请求变更显然包含诉讼标的变更，正如2019年修正后的最高人民法院《关于民事诉讼证据的若干规定》（以下简称《民事证据规定》）第53条在当事人主张的法律关系或民事行为效力与人民法院根据案件事实作出的认定不一致的情况下允许当事人"变更诉讼请求"也主要是指变更诉讼标的，以及《九民会议纪要》第36条规定的合同无效时"应向原告释明变更或者增加诉讼请求"之"诉讼请求"也主要是指诉讼标的。同时，对《民事诉讼法》第54条依文意以及从处分原则出发的目的解释，此诉讼请求的变更并不排除具体诉讼请求的变更。② 再有，根据《民诉法解释》第252条第3项规定，再审裁定撤销原判决、裁定发回重审的案件，"诉讼标的物灭失或者发生变化致使原诉讼请求无法实现的"，当事人可以申请变更诉讼请求。此处"诉讼请求"既可能是诉讼标的之变更（比如从履行合同的给付之诉变更为解除合同的形成之诉），也可能是权益实现

---

① 这种混用主要表现为部分"诉讼请求"的表述实际指向或包含"诉讼标的"，例如《民事诉讼法》第54条的诉讼变更、第143条的诉讼合并等。

② 同理，《民事诉讼法》第54条有关诉讼请求的放弃、承认或反驳也包含对诉讼标的及具体诉讼请求的放弃、承认或反驳。没有在正文中分别说明，是因为此处区分诉讼标的和诉讼请求的必要不大——承认或反驳诉讼标的并不影响诉的构成和识别；而放弃诉讼标的必然包含在更换诉讼标的的范畴内，否则诉不完整、不合格。

的具体方式的变更（比如从交付特定物的诉讼请求变更为赔偿损失）。

究竟是诉讼标的变更还是诉讼请求的变化决定了限制条件的多寡。当构成诉讼标的变更①时，为使被告获得充分抗辩的机会，人民法院应当准许并根据情况重新指定举证期限。若只是具体诉讼请求的变化，而诉讼基础（要件事实）没有变化，可能就不需要重新指定举证期限，限制条件也更宽松。单是诉讼请求的变化，就相当于《日本民事诉讼法》第143条的"请求的基础不发生变更"之（非真正的）诉的变更，对被告而言，只要请求基础不发生变更，防御的目标就没有发生改变，也就不会对被告的防御造成不利的影响或造成大的困难，因此变更因在合理范围内而条件宽松。比如，在请求基础不变的情形下，只对同一性质的请求金额进行增减②；在无条件腾退租期届满的房屋腾退请求之外增加（或变更为）支付占有期间的租金损失等，都只是诉讼请求的变更。若是请求基础发生变更，则构成诉讼标的变更，即真正的诉的（客观）变更。例如虽然金钱请求的数额没有变化，但是从买卖价金请求变为完全与此无关的返还合伙出资的请求，请求的基础（法律关系）就发生了变化，是诉讼标的变更。

二是诉讼请求合并之规定包含对新增加的具体权益主张的合并和诉讼标的之合并。《民事诉讼法》第143条诉的合并规则将"原告增

---

① 我国对于诉讼标的之变更一般限制在一审程序辩论终结之前，法律没有规定法院审查时考虑的因素，也不需要被告同意。在域外，对诉讼标的变更持比较宽松的态度，这有助于当事人在诉讼中确定合理的诉讼理由、提出有利的请求，促使纠纷一次性解决、避免重复起诉。依照《德国民事诉讼法》第263条，案件诉讼系属后，若被告同意或法院认为有助于诉讼时，准许作出诉的变更，在二审中也是如此。依照美国《联邦民事诉讼规则》第15条，如果在审判中超过诉辩状的范围采纳了证据，法院将允许修改诉辩状或视其已被修改。

② 参见〔日〕《判例六法》，有斐阁，2006，第1124页。

加诉讼请求""（有独立请求权的）第三人提出与本案有关的诉讼请求""被告提出反诉"相并列，在能够确认（有独立请求权的）第三人参加之诉、被告反诉构成独立的诉的情况下，依体系解释，第三人提出的诉讼请求、原告增加的诉讼请求均应解释为当事人提出新的诉讼标的（或者至少包含诉讼标的）。实际上，《民诉法解释》也有意澄清此文字误区，在第326条关于二审的审理范围的规定中，强调原审原告增加"独立的"诉讼请求与原审被告提出反诉作相同处理，这里的"独立的诉讼请求"即包括新的诉讼标的。同时，依文意以及从处分原则出发的目的解释，《民事诉讼法》第143条的原告增加诉讼请求当然也包括具体诉讼请求的增加。

三是诉讼请求不应作为重复起诉的独立识别要素。以诉讼标的为论证基础而提出的诉讼请求，只是经过当事人选择、处分之后提出的具体权益要求，并非诉的实质客观要素。只有诉讼标的才是识别重复起诉的实质客观标准。《民诉法解释》第247条将诉讼请求并列为与诉讼标的同等重要的客观识别标准，混淆了立法对二者的功能定位，给诉讼主体进行诉讼造成困扰，不尽妥当。实际上，实务界在是否构成重复起诉的问题上，大多坚持将诉讼标的当作判断重复起诉的实质客观标准，并且很少支持残部请求甚至遗漏的请求。在认定诉讼标的同一的情形下，即便诉讼请求有所不同（大多是后诉的诉讼请求与前诉构成部分重叠或者是前诉所未包含的内容），也会以诉讼请求"源自同一事实/行为"、诉讼请求涵盖于前诉、"不具有独立性"等为由，认定后诉构成重复起诉。①

---

① 参见（2021）最高法民申3694号民事裁定书、（2021）甘民终471号民事判决书、（2021）京民申158号民事裁定书。

具体的诉讼请求可能有助于识别诉讼标的之性质、类型，但不构成识别诉的实质、独立标准。只有透过诉讼标的①才能真正识别前后两诉是否同一。若诉讼标的相同，即便两诉呈现不同的诉讼请求内容，诉的实质仍然同一，应认为构成重复起诉，例如就聚合的请求权分别起诉或者分割请求的情形。若诉讼标的不同，即便两诉呈现相同的诉讼请求内容，也是不同的诉，例如先后以买卖合同纠纷和不当得利纠纷要求返还付出的款项。

小 结

诉讼请求作为当事人诉讼的目标，能否获得判决支持取决于本案的诉讼标的是否成立。诉讼请求和诉讼标的是司法论证中论证目标与论证基础的关系，有明显区别，对法律规定中二者混用的规定应通过目的解释、体系解释等方法明晰其真实内涵。诉讼请求与诉讼标的共同构成客观要素（广义的审判对象），但其中诉讼标的才是区别此诉与彼诉的最本质的客观要素。在一个诉讼标的之上可能提出的所有诉讼请求应当在一个程序中进行处分，一般不允许分别提起诉讼。诉讼正义要求如无合理原因，不应允许对单一的请求权进行分割、另诉或对聚合的请求权先后起诉。例如先起诉支付部分价款、后起诉支付剩余价款；先起诉偿还借款本金、后起诉支付利息等。

---

① 个案中的诉讼标的是发生在特定当事人之间的争议的法律关系，在此意义上，可以说诉讼标的本身即包含当事人，借此足以识别不同的诉。

第三章

诉讼客观合并概论

与一诉一讼的基本诉讼形态相对的,是民事诉讼的合并形态。诉讼的合并是指法院将几个独立或有牵连的诉,合并在一个诉讼程序中进行审理和裁判。民事诉讼合并制度旨在使当事人节省劳力、费用和时间,并防止裁判之冲突,所以各国民事诉讼法均有共同诉讼之设定及诉讼客观合并之规定。根据合并的内容不同,诉讼合并分为主观(主体)合并、客观(客体)合并、混合合并。诉讼主观合并是指法院将一方或双方为二人以上的当事人合并于同一诉讼程序的审判,如共同继承、赡养等必要共同诉讼;诉讼客观合并是法院将一方当事人向相对方提出的数个独立的诉在同一程序中予以合并审判;诉讼混合合并是法院将数个诉讼主体相互间存在牵连的数个独立的诉予以合并审理,如普通共同诉讼、对第三人参加之诉的合并、反诉、交叉请求等。本书只讨论诉讼客观合并相关问题。通说认为,诉讼客观合并是指诉讼标的之合并,本书也坚持这一观点,如无特别说明,下文的客观合并均指诉讼标的之合并。此外,从诉的客观要素角度看待诉讼客观合并,在一个生活事实之上可能提出的某些彼此独立或呈互斥关系的请求权,可能建立在多个假定的诉讼标的之上,这类诉讼请求的审判合并也属于广义的客观合并。

第一节 客观合并的功能与要件

如果多个法律关系或同一法律关系之上的多种请求权是发生在相同当事人之间并存在必要的关联,在程序上合并处理的益处很大,并且比不同当事人之间寻求的诉讼合并更少障碍、更容易实现。

一 客观合并的功能

(一) 增容审判范围,提高诉讼效益

诉讼合并最直接的功能是增容了一个程序中处理的纠纷数量,也就节约了司法资源,提高了诉讼效益。美国的波斯纳法官指出,有关国家的"公共利益"理论认为国家运作,就是要促进一些人们广泛分享的社会目标,其一就是"效率"①。恰当的审判程序不仅应当通过裁决使资源分配达到效益最大化,而且审判程序本身必须做到尽可能降低成本,提高效益。比如美国《联邦民事诉讼规则》从诉讼经济原则出发,借鉴大陆法系国家诉讼合并制度,规范了条件宽松的各类诉讼合并,当事人之间可以对与初始请求相关或不相关的纠纷向法院寻求合并解决。

合并提高效益,在于相应诉讼成本下能够产出更多。所谓诉讼成

---

① 〔美〕理查德·A. 波斯纳:《正义/司法的经济学》,苏力译,中国政法大学出版社,2002,第103页。

本，是指诉讼主体在实施诉讼行为的过程中所消耗的人力、物力、财力的总合，亦即为解决纠纷而在诉讼程序中投入的所有资源和各种损耗。从不同主体角度，诉讼成本可分为法院成本与当事人成本[①]；从表现形式方面，诉讼成本可分为显性成本与隐性成本。波斯纳则将诉讼成本分为直接成本和错误成本。若把解决纠纷的诉讼程序视为一个"管理"的过程，那么，各主体为解决纠纷所投入的人力、物力、财力的资源总合便是直接成本，也可称作判决的成本。贝勒斯认为，为了减少直接成本，最好是在合理范围内一次同时处理尽可能多的请求。因此，立案范围的原则是"只要切实可行，事实或法律问题相同的所有请求或当事人都应一案审理，当事人相同的其他请求也允许一案审理"[②]，这样对当事人和国家都是节约的，除非法官认为合并审理会使案件变得混乱复杂、造成程序过分拖延，否则都应当鼓励诉讼合并。而错误成本是由于错案所引起再次争议的成本，包括经济成本、道德成本。[③] 在一个程序中合并处理多个诉，显然可以实现较少成本耗费、较大判决产出的效果，比如司法资源、当事人投入都可节省，而充分的统一的质证、辩论过程也减少了错案可能。

---

① 法院的直接成本是可量化的资源之和，包括审判人员的数量、审判人员的工资、审判期限和审判设备的耗损等。当事人的直接成本则分为两大部分：一是费用部分，包括诉讼费用、诉讼代理费、申请执行费以及其他费用；二是诉讼时间、精力耗费等。

② 〔美〕理查德·A. 波斯纳：《正义/司法的经济学》，苏力译，中国政法大学出版社，2002，第81页；〔美〕迈克尔·D. 贝勒斯：《法律的原则——一个规范的分析》，张文显译，中国大百科全书出版社，1996，第57页。

③ 直接成本和错误成本是法律经济分析学派的基本法律术语。波斯纳等经济分析学派学者把法律程序视为一种实现单一价值或目的最大化的工具，罗纳德·德沃金的道德成本分析方法则为错误成本的经济分析增加了"道德成本"这一分析因素。

（二）防止重复起诉，避免矛盾裁判

有些纠纷本身就存在多个不同的民事法律关系，彼此互相影响，甚至互为因果。将有关联的争议合并，由一个审判主体处理，就可以共用一系列证据资料和方法，对当事人之间争议的诉讼标的作出统一判断。

若对诉讼标的一律单独审理，当事人可能就竞合的或者矛盾的请求权另行起诉、另外提出内容相反或矛盾的确认请求等。这种情况可能发生在两个时点：一是前案被法院受理，即诉讼系属后[1]；二是前案判决已经生效，即产生了既判力。[2] 此时，另案提出的起诉可能因违反一事不再理原则构成重复起诉，会被限制提出，而在另诉的过程中当事人有可能丧失在前诉中抗辩或反诉的机会。通过重复起诉的审查，也难免发生不同法官审理相同或相关问题导致矛盾的事实认定和法律判断的问题。所以说，同一当事人之间有关请求的合并审理，使

---

[1] 我国《民诉法解释》第247条限制诉讼过程中和裁判生效后的重复起诉；我国台湾地区"民事诉讼法"第253条、第249条第1项第6款规定当事人就已起诉的纠纷，不得在诉讼系属期间另行起诉。

[2] 现代意义的既判力是不允许对终局判决中针对诉讼标的作出的判断再起争执的效力。大陆法系既判力理论认为它对"出现后诉"发生作用时，存在相互补充的消极与积极两个侧面，大致相当于普通法系的请求排除效与争点排除效。既判力的消极作用表现为当事人不能提出与既判力之判断相反的主张与证据申请，法院也不能接受而是应当驳回这类主张和证据申请。不让当事人提出的违反既判力的主张和证据申请进入（后诉）审理，就是既判力消极作用的表现形式，也称对后诉的"遮断效"。例如，前诉的确定判决若命令被告支付10万元货款，后诉就同一诉讼标的要求再次审判或者提出代用判决要求的（比如请求为积极或消极确认判决），都不被受理。既判力的积极作用表现为，后诉法院必须以产生既判力之判断为前提作出判决，也可称作对后诉的"拘束效"。例如，当在前诉的所有权确认诉讼中胜诉的X在后诉中提出转移登记程序请求时，基于前诉判决既判力的积极作用，后诉法院以"X享有所有权"为前提作出后诉判决，即原则上应当判决X胜诉。

当事人无须再于新的诉讼中追求其权利，以避免开启新诉讼程序之程序上的不利益[1]，减轻了当事人（包括原告和被告）在诉讼进行上的负担，如果属于相互关联的请求，还有避免矛盾裁判、维护司法权威的优点。

（三）彻底解决纠纷，缓和理论争议

一个被广为接受的观点是，现代民事诉讼的主要目的是解决纠纷。解决纠纷不只是正确处理法律关系，还包括当事人接受裁判、不再争议。诉讼合并向当事人提供了将所有可能的主张和资料都呈现在法院面前的机会，有利于彻底解决纠纷。

原告的诉讼请求是其起诉追求的直接目标，提出事实主张和法律理由都是为了说服法官支持其诉讼请求。当客观合并发生在同一事实/事件之上，而要求弥补的损害一定时，一次提出不同的事实主张和法律理由为原告提供了获得胜诉的最大可能性，因为只要法官确认存在支持诉讼请求的理由就可以了。不论依据传统诉讼标的理论将其理解为诉讼合并，还是依据新说将其理解为多重攻击、防御方法，诉讼结果基本是一致的。比如，允许原告将侵权损害赔偿与违约损害赔偿、不当得利返还等请求一并提出，原告能就这些请求权获得充分的陈述、举证、辩论的机会，法官可择一理由判决原告胜诉；即便原告败诉，因驳回诉请的判决是经过对所有诉讼理由审查后作出的，也不会发生另案起诉。当客观合并发生在不同事实/事件或者没有牵连的诉讼标的之间，通过一个程序解决了当事人之间最大限度的纠纷，法院采取了什么诉讼标的理论也就不重要了，避免了法官、当事人（律师）之间对学术观点的争议和拉扯。只要在合并审理的过程中，遵循

---

[1] 刘明生：《客观诉之变更与追加》，《月旦法学杂志》2011年第6期。

处分原则，当事人获得了平等待遇、进行充分辩论，纠纷更容易获得彻底解决，因为裁判结果是当事人可接受的：获得胜诉判决的当事人，通常不会在乎法院适用了什么法律；而败诉者也能息讼止争，反正他已经提交了所有可能的证据资料和意见。

综上，诉讼合并不限于单个实体法律关系争议的解决，而是出于程序法独有的考虑，在实现私权、维护私权秩序和诉讼之公益价值目标之间取得平衡的必要制度。

二 客观合并的要件及处理

对客观合并需附加一定条件，才不至于打乱一诉一讼的程序常态，才能有效发挥其应有的功能而避免诉权滥用和审判无序。

（一）客观合并的要件

1. 存在两个以上的诉讼标的

纯粹的、狭义的客观合并发生在同一当事人之间，即同一原告向同一被告主张有两个以上的诉讼标的，是客观合并的基础和前提。在实体法说上，客观合并是多个实体法律关系或实体权利的合并；在诉讼法说上，客观合并是案件事实或诉的声明的合并。

2. 法院就一个诉有管辖权

考虑诉讼效益的同时，诉讼合并不能扰乱基本的管辖制度。受诉法院不需对各个诉都有管辖权，但至少对其中之一要有管辖权，才可能取得对其他相关诉讼的牵连管辖。该法院的管辖权是根据法律规定还是当事人协议或者上级法院指定、当事人默认而取得，在所不问。例外情况是，若某诉属于其他法院专属管辖的，专属管辖将强制排斥受诉法院的合并审判。因为专属管辖制度有特定公益目的，非受制于当事人的处分权能。若合并审理后发现有属于其他法院专属管辖的，应裁定移送案件。

3. 数个诉讼标的适用同一种诉讼程序

诉讼程序根据案件繁简、性质等区分为普通程序、简易程序，一般争讼程序、特殊程序等，不同的诉讼程序适用不同的法理和辩论、调查规则。如果被合并的数个诉，不能适用同一种诉讼程序，就不具有合法性或者不具有诉讼经济的价值。此外，客观合并一般要求发生于相同审理阶段，原告可以在起诉时一并提出多个诉讼标的或在一审中追加诉讼标的，法院对此限制不多。但二审追加诉讼标的，法院为避免侵害当事人审级利益而不予准许，除非双方接受调解。

4. 存在一定合并利益且无禁止合并的规定

合并的数个诉讼标的之间大多存在法律或事实上的某种牵连，合并利益较显著。数个诉讼标的之间也可能不存在牵连，即便这样，同一当事人之间的诉讼标的本身也具有减少当事人奔波的合并利益，比如多个诉讼标的之间属同一类型，还可通用某些证据资料。除了禁止合并规定外，法院应根据合并利益的大小决定合并的必要性。比如，某一案件过于复杂且与其他案件关联不大，将其合并审理会导致诉讼拖延，就不适合合并。

（二）客观合并要件的审查和处理

根据处分权原则，当事人提出诉讼合并请求的，法院应予尊重。但客观诉讼合并要件应当由法院依职权审查其适当性。发现有属于专属管辖者或对案件均无管辖权者，应将案件移送有管辖权的法院或者允许原告撤回相应起诉。若认为有不适用同种诉讼程序者，应将其拆开分别依相当程序进行审理。

第二节　客观合并的类型——以多重请求权为例

诉讼客观合并作为复杂的诉讼形态，具备分别起诉所缺乏的经济、公正等功能，值得推荐的同时也要防止诉权的滥用，因而有必要规范其适用类型。本节主要讨论在我国法律关系说下，怎样适用不同类型的诉讼合并制度，但也会考察不同诉讼标的理论下的学说和实务情况，进行比较分析、寻找在共通的功能价值之下有无可借鉴之处。并且，为了讨论能更直观、形象地进行，以最具有代表性的给付之诉的合并，即多重请求权的合并为分析对象。

诉讼客观合并，主要体现在多重请求权下如何合并进行诉讼。原告对被告基于同一纠纷事实存在多重实体请求权的，依照诉讼标的之实体法学说，可能因存在多个诉讼标的而引起多重诉讼。[①] 依新诉讼标的说，若同一纠纷事实之上的多个请求内容相同，则不会发生多次诉讼。具体来说，一个诉讼程序的容量或涵盖范围有多宽，取决于从外在视角或日常经验观察到的当事人或请求在事实层面上的关联性、连接度有多紧密。日常经验认为受害人因一次车祸所造成的人身损害和车辆（财产）损害属于同一个纠纷事件，那么就应忽略两种损害求偿的法律理论或请求权基础不同，将其纳入同一诉讼程序予以解决。[②] 可以说，诉讼客观合并，一般是在一个纠纷事实（生活事实）基础上展开的。

[①] 我国贯彻"法律关系说"，则可以认为请求权聚合不构成狭义的客观合并。

[②] 陈杭平：《"纠纷事件"：美国民事诉讼标的理论探析》，《法学论坛》2017年第6期。

一 多重请求权的类型

民法中的请求权体系应当符合法秩序的统一性和逻辑性，即立法者应考虑到有必要保护的请求权关系的所有方面，并构建一个尽量不冗余、无遗漏、从一般到特殊的权益保护体系。在这种理想状态下，一种生活事实只为一种规范或规范群所调整，只存在一个实体请求权。面对特定案件，经济、清晰的请求权规范检索次序是从特别到一般的检索：①合同上请求权；②无权代理等类似合同的请求权；③无因管理上请求权；④物权关系上请求权；⑤侵权行为损害赔偿请求权；⑥不当得利请求权；⑦其他请求权。[①] 当然，立法者无法追求完满的无重叠的民法体系，而是在拉大请求权基础差别的基础上，容忍了有冲突的请求权基础。加上《民法典》是按照制度编纂的，也加大了规范竞合的可能性。[②] 是以，在对请求权规范通盘检视后，若仍有多项请求权基础可得支持，即出现"多重请求权"可能的，即须探讨各请求权规范之间的关系后进一步处置——此时实体法上实际支持多少请求权，亦构成进一步研究诉讼中允许提出多少个诉以及如何提出诉讼请求的规范基础。

[①] 〔德〕迪特尔·梅迪库斯：《请求权基础》，陈卫佐等译，法律出版社，2012，第14页；王泽鉴：《民法思维：请求权基础理论体系》，北京大学出版社，2009，第58页；吴香香：《请求权基础：方法、体系与实例》，北京大学出版社，2021，第10~12页。
有关不当得利请求权与侵权损害赔偿请求权的检视先后，存在争议。梅迪库斯认为不当得利请求权在后，王泽鉴则认为不当得利请求权在先。对此问题，单从《民法典》规范内容审视，并不能获得答案。唯应注意，给付不当得利的检视顺序先于非给付不当得利，特殊侵权的检视顺序先于一般侵权。

[②] 王洪亮：《物上请求权的诉权与物权基础》，《比较法研究》2006年第5期。

多重请求权是从实体法主观权利角度观察，民事主体对一个生活事实可能主张两个以上的请求权，一般是指请求权竞合。而从诉讼角度观察，审判程序是一个法律论证过程，当事人起诉时的请求权主张只是假设命题，即便当事人提出多个请求权并非竞合关系甚至是矛盾关系，现代诉讼制度也不限制其进入审判范围。从诉讼为当事人提供尽可能充分的法律救济的意义上，多重请求权除了竞合型请求权，还应当包括补充型请求权。故本书所指诉讼上的多重请求权不仅包含实质的多重性，也包括外观呈现的多重性。根据多重请求权（外观）下给付原因的差异，将其区分为竞合型请求权和补充型请求权。同一生活事实符合两套以上关于请求权之成立的构成要件的，是原因竞合型请求权，例如违约损害赔偿责任与侵权损害赔偿责任。针对同一给付目的，若当事人可能援引的多个请求权规范的构成要件相互排斥，同一生活事实在逻辑上不可能都符合，同时其规范功能却互相补充，即构成补充型请求权关系，典型的样态如无因管理与不当得利之互补关系。由此产生的问题是，在多重请求权外观下究竟是成立多个实体请求权还是仅存在由不同规范依据支持的（或在互斥的规范依据中选择）一个请求权。

1. 竞合型请求权

竞合型的多重请求权之间的关系包括排除性竞合、选择性竞合、请求权聚合和请求权竞合。

一是排除性竞合，也称法条竞合（Gesetzkonkurrenz），指的是某项请求因具有特别性，而排除其他请求权规范的适用。如我国《民法典》侵权责任编中特殊侵权责任排除一般侵权责任的适用。排除性竞合属于法律适用上的特殊安排，实质上不存在多个请求权。即便当事人错误选择请求权，法官在审判时也会予以纠正，适用正确的请求权基础规范进行判决。

二是选择性竞合，也称择一竞合（alternative Konkurrenz），指的是就数项请求权（或一项请求权与一项形成权），当事人得选择其一行使之，倘已行使其一时，即不得再主张其他的请求权。如《民法典》第588条规定违约金与定金择一适用。再如，原告行使诈害行为撤销权，可请求被告返还原物或在返还不能情形下应等价赔偿。本质上，上述情形属于同一权利的不同实现样态，而这些请求权之间的效果相互排斥，选择其一则另一个在法律上无法行使或客观上无法实现，故择一即消灭其他。

三是请求权聚合（Anspruchshäufung），是指当某项生活事实同时构成若干项请求权规范的构成要件，而这些请求权的给付内容并不相同，可得全部实现。请求权人对数个请求权，可同时或先后主张，可就部分或个别主张之。如《民法典》第583条支持继续履行合同与获得损害赔偿的请求权聚合；身体或健康受到不法侵害者，可依《民法典》侵权责任编第二章同时主张医疗费、误工费等财产损害及精神损害赔偿金。聚合的请求权目的、内容均不同，是法律从多个角度分析损害、区分一个事实下的多种损害、提供多重互不排斥的救济，以供当事人从中进行选择和处分。

四是请求权竞合（Anspruchskonkurrenz），是指同一生活事实可为不同请求权规范所涵摄，此不同规范生成的多个请求权给付内容相同，当事人得选择行使任一请求权。例如，《民法典》第186条允许当事人选择请求对方承担违约责任或侵权责任。

2. 补充型请求权

补充型给付原因的请求权之间，给付目的相同但法律规定的构成要件相互排斥，同时其规范功能却互相补充，形成防止规范漏洞或空窗之完整的协作关系。典型的样态如无因管理与不当得利之互补关系。[①] 补充型请求权的构成要件之间是彼此排斥的，不能在同一生活事实上同时成立，因此依逻辑，这类多重请求权外观之下至多只能成立一个请求权。基于此，本书将这种情况称为只具有多重请求权"外观"。

当事人若在一个诉讼程序中提出以上类型的多重请求权，能否合并、合并的类型以及合并后如何审判等问题须结合请求权体系目的和诉讼合并的功能加以确定。一般来说，对多重请求权的审判能更经济、彻底地解决纠纷，并且防止矛盾裁判。所以讨论的重点其实是合并的类型及审判方式。

二 诉讼客观合并的类型

现代各国民事诉讼法一般都有诉讼合并的规定，但通常不会特别精细。客观合并的类型一方面取决于诉讼标的学说，另一方面还有赖于实务中对司法政策的考量和经验的积累。

（一）普通法系国家客观诉讼合并类型

美国《联邦民事诉讼规则》规定了原告请求的合并（主请求合并）、被告请求的合并（反诉合并）、共同诉讼当事人请求合并（交叉请求合并）和第三人参加诉讼、介入诉讼等类型。本书相关的是主请求的合并，即《联邦民事诉讼规则》第 18 条（a）款允许原告（及任何当事人）向相对方提出所有能提的诉讼请求，这些诉讼请求无须存在任何联系，无论是在交易方面、法律方面还是在所寻求的救

[①] 黄茂荣：《无因管理与不当得利》，厦门大学出版社，2014，第 118～119 页。

济方面，都可以完全不相关。可以是单独的诉讼请求，也可以是选择性的诉讼请求；可以是普通法上的诉讼请求，也可以是衡平法上的诉讼请求。该规则规定原告"可以"将其针对被告的诸多诉讼请求进行合并，具有很大的任意性[1]，合并的目的是在耗费较大的诉讼程序中尽量一次性解决当事人之间的纠纷。

同一当事人之间的诉讼合并，根据是否属于强制提出的，分为强制合并和任意合并；根据多个诉讼请求之间的关系，分为普通合并和选择合并。①强制合并和任意合并。以"纠纷事件"为界定标准的诉讼标的说要求原告应当在一个诉讼中提出基于同一事件和交易产生的所有诉讼请求，请求应该包括"原告按照交易的全部或部分内容或者引发诉讼的彼此相连的一系列交易，从被告那里获得救济的所有权利"[2]。否则，请求将受既判力的约束而不得在以后的诉讼中提出。而任意合并可归结为"干什么都行"或者在对被告提出诉求上可谓"自由开放"，在与对抗制、陪审制伴生的诉讼效率相对低下、成本高昂的司法环境下，任意合并可以在一个诉讼中解决当事人之间的多个请求，避免了多次诉讼的资源耗费。②普通合并和选择合并。若多个诉讼请求是可以并存、相互之间不存在矛盾冲突的，原告可以提出普通合并要求，不论这些请求是否基于相同的事实或诉由，只要不会使诉讼变得过于复杂即可。例如，原告基于同一侵权事实，可提出停止侵权行为和赔偿损失两项诉讼请求，该两项诉讼请求是可以同时获得

---

[1] 〔美〕斯蒂文·N. 苏本等：《民事诉讼法——原理、实务与运作环境》，傅郁林等译，中国政法大学出版社，2004，第276～291页；〔美〕杰克·H. 弗兰德泰尔等：《民事诉讼法》，夏登峻等译，中国政法大学出版社，2003，第333～364页；〔美〕理查德·D. 弗里尔：《美国民事诉讼法》，张利民等译，商务印书馆，2013，第754页。

[2] Restatement Second of Judgments 24（1）（1982）.

法院支持的。再如，原告可以基于不同的事实，提出诸如返还占有物的请求以及人身损害赔偿请求的合并。普通诉讼请求合并既提高了诉讼效率，又不会给被告答辩造成障碍，也不致产生原被告之间不公正，而且可以避免分割审理产生的对案件事实认定的不一致以及被告遭受多次诉讼侵扰的痛苦。因此，普通诉讼请求合并是美国民事诉讼的通行做法。同时，《联邦民事诉讼规则》出于提高诉讼效率、扩大争议解决的考虑，在第8条（e）款（2）项，允许当事人选择性地（alternatively）或假设性地（hypothetically）在一个或多个诉因或答辩中，提出两项或更多的诉求或抗辩，只要系善意提出的，基于假定所作出的、选择性的或者相互不一致的权利主张均可获得准许。[①] 因为"真理在被知悉前不能被表达出来"，所以待案件事实得到确认，再做选择也不迟。

（二）大陆法系国家、地区客观诉讼合并类型

各国有关客观诉讼合并的形态，除了法律规定，大多依学说或实务运作决定。根据《德国民事诉讼法》第147、260条规定，对于同一被告有数个请求，各请求权虽基于不同的原因，但只要都属于受诉法院管辖，又可按同一种诉讼程序进行时，原告可以要求合并为一个诉讼或者法院命令将数个诉讼予以合并。我国台湾地区"民事诉讼法"第248条规定了多数诉讼标的或多数诉讼上请求的合并，第255条等规定了诉的变更和追加。[②] 日本《民事诉讼法》第136条规定了

[①] Henry v. Daytop Viliage, Inc. 42F. 3d 89（1994）.
[②] 我国台湾地区"民事诉讼法"第255条规定："诉状送达后，原告不得将原诉变更或追加他诉。但有下列各款情形之一者，不在此限：一、被告同意者。二、请求之基础事实同一者。三、扩张或减缩应受判决事项之声明者。四、因（转下页注）

诉讼客观合并，第144条规定了诉讼的追加。这些有关客观诉讼合并的规定都是一般化的，缺乏合并类型、适用条件的规则，但在学界有精细研究，具体适用则由审判法院决定。

罗森贝克坚持新诉讼标的论，主张以诉的声明和案件事实判断诉讼标的，尤其强调诉的声明的意义，认为诉讼客观合并包括三种：一是最简单的累积性合并，比如原告同时提出搬出房屋、支付余下的租金及赔偿损害等多个请求权；二是预备性合并，即当原告主张的主请求权不正当或不合法被驳回时可以预备性地提出另一请求权；三是选择性（或替代性）合并，在选择之债的诉讼中，原告可以主张这个或那个请求权。① 日本司法实务中以旧实体法说为主流观点，新堂幸司据此归纳出三种合并形态：一是单纯的合并，合并的各请求是彼此独立的，法院应当对每个请求都作出判决，例如买卖价金请求和租金请求的合并；二是预备性合并，主请求被支持构成备位请求解除条件，法院驳回主请求则须审判备位请求；三是选择（择一）性合并，数个

(接上页注②)情事变更而以他项声明代最初之声明者。五、该诉讼标的对于数人必须合一确定时，追加其原非当事人之人为当事人者。六、诉讼进行中，于某法律关系之成立与否有争执，而其裁判应以该法律关系为据，并求对于被告确定其法律关系之判决者。七、不甚碍被告之防御及诉讼之终结者。被告于诉之变更或追加无异议，而为本案之言词辩论者，视为同意变更或追加。"第446条第1款规定"诉之变更或追加，非经他造同意，不得为之。但第二百五十五条第一项第二款至第六款情形，不在此限。"第247条规定"确认法律关系之诉，非原告有即受确认判决之法律上利益者，不得提起之；确认证书真伪或为法律关系基础事实存否之诉，亦同。前项确认法律关系基础事实存否之诉，以原告不能提起他诉者为限。前项情形，如得利用同一诉讼程序提起他诉者，审判长应阐明之；原告因而为诉之变更或追加时，不受第二百五十五条第一项前段规定之限制。"

① 〔德〕罗森贝克等：《德国民事诉讼法》，李大雪译，中国法制出版社，2007，第708~710页。

请求中的一个获得认可，将构成其他请求权审判申请的解除条件，是旧诉讼标的理论的支持者用以处理请求权竞合及（形成权）形成原因竞合情形时所形成的一种观念。① 邱联恭作为持相对说的学者，对德国、日本、我国台湾地区其他学者的理论比较研究后，提出了更加灵活、细致的分类，认为理论上存在单纯合并、选择合并、预备合并、重叠合并、竞合合并等客观合并类型。② 以上理论基本涵盖了诉讼客观合并类型，但由于建立在不同诉讼标的学说和司法实务基础上，同一表述之下的合并内涵也不尽一致。

1. 关于单纯的诉的合并

各说关于单纯的诉的合并都是指不同的诉讼标的之合并，虽然判断标准不同，但在请求权聚合情形中，都认为构成单纯（累积）的诉的合并。因为根据诉讼法说，此时存在多个诉的声明；根据实体法说，此时存在多个请求权。学者邱联恭从体系化角度，将单纯的诉的合并分为没有关联的合并和密切关联的合并，后者显然更具合并价值，前者由法院裁量为宜。

2. 关于选择合并

选择合并的诉讼形态，是持旧诉讼标的说的学者提出在请求权竞合时适用的借以克服旧说弊端的诉讼形态，日本通说认为只有请求权竞合时才适用选择合并。新实体法说学者尼基施也认为借款和本票关系之类的"真正的请求权竞合"构成选择合并。根据请求权竞合时可选择行使的理论，在诉讼上表现为合并的请求之间存在一种一旦其中

---

① 〔日〕新堂幸司：《新民事诉讼法》，林剑锋译，法律出版社，2008，第 520 ~ 522 页；〔日〕《六法全书》，有斐阁，2006，第 1122 页。

② 邱联恭：《口述民事诉讼法讲义（二）》笔记版，许士宦整理，台湾自版，2012，第 215 ~ 229 页。

一个请求被法院承认，另一个请求之诉自动被解除的关系，这样就可避免出现两个胜诉判决的结果；而只有所有请求权都不成立，才可作出驳回诉讼请求的判决。依新诉讼标的说，请求权竞合时诉讼标的唯一，只存在多重诉讼理由的可能，而不发生诉的合并。因此，罗森贝克所说的选择合并未包括请求权竞合，而是适用于选择之债的诉讼，即债务人享有法定的替代权限①或者原告允许被告替代给付的情况。由于如何履行义务的选择权在债务人，权利人就有必要先通过判决确定选择给付的内容，即以选择合并提起诉讼。法院对于选择合并进行审判时，应当对两项诉讼请求一并进行裁判，之后债务人有权选择给付。② 不过，德国判例和部分学者也支持单一诉讼声明之下的多个诉讼理由或权利事实的选择合并，认为原告可以附解除条件地主张多个诉讼请求权，其中一个得到支持，其他的就放弃。③ 邱联恭认为，选择合并又称为择一合并，若法院审判结果支持原告的一个请求，原告即达到诉讼目的。所以他不同意部分主张旧说的学者所谓仅适用于请求权竞合的观点，认为如果有提起选择合并之实体上利益或程序上利益的其他情形，亦应允许提起。笔者对此认同，因为诉讼合并的类型及容量应以合并的利益和性质为划分标准，而非局限于某一特定疑难问题的解决。就选择合并是在一个程序中支持当事人有权选择的请求

---

① 比如《德国民法典》第251条第2款第1句：恢复原状所需费用过巨者，赔偿义务人得以金钱赔偿债权人；第528条第1款第2句：受赠人得支付维持生计之必需金额以避免返还；第1992条第2句：继承人得支付价额，以代现存遗产标的物之交付。
② 《德国民法典》第264条第1款：有选择权之债务人未于强制执行开始前为选择者，债权人得依其选择，就其一宗或他宗给付为强制执行；然于债权人尚未受领所选择之给付之全部或一部前，债务人得给付其余给付中之一宗，免除其债务。
③ 李大雪：《德国联邦法院典型判例研究——民事诉讼法篇》，法律出版社，2019，第58~59页。

而言，应当可以容纳更多案型，比如请求权的选择性竞合。当债权人有权选择权利实现的方式，又不了解各权利实现方式的可能性时，允许其提出选择合并，更利于原告权利的维护，也不增加被告的防御负担。

3. 关于预备合并

关于预备合并的基本概念的认识比较一致，即指请求权人考虑到主位请求有可能不获认可，预备性地提出备位请求，以主请求的认可作为其解除条件来预先提出审判申请的合并情形；主请求被支持构成备位请求解除条件，法院驳回主请求则须审判备位请求。预备合并最适合相互排斥的请求权的合并，例如起诉返还借款，并备位提出若借款合同无效则要求返还不当得利。根据德国的民事诉讼理论，主请求与备位请求之间，不以存在相互排斥关系为必要条件。陈宗荣、邱联恭等我国台湾地区学者认为预备合并可以容纳请求权竞合情形。[①] 日本学说和实务中除了有将请求权竞合理解为构成预备合并外，还有将物的交付请求与代偿请求之合并理解为预备合并的观点。[②] 笔者认为，预备合并的突出特点在于对诉讼请求排列审理顺序，具有尊重当事人处分权及减轻法院选择负担的优点，呈现扩大适用的趋势是各方诉讼主体的理性选择使然。

4. 关于客观合并类型的重叠、交叉

各国或地区有关客观合并类型的学说和实务存在一定差异，并且其适用范围始终处于动态变化之中，不可避免地呈现重叠、交叉现

[①] 陈宗荣：《民事诉讼之起诉：预备合并之诉》，载杨建华主编《民事诉讼法论文选辑（下）》，台湾五南图书出版公司，1984，第 535 页。转引自张永泉《民事之诉合并研究》，北京大学出版社，2009，第 30 页；邱联恭《口述民事诉讼法讲义（二）》笔记版，许士宦整理，台湾自版，2012，第 221 页。

[②] 〔日〕新堂幸司：《新民事诉讼法》，林剑锋译，法律出版社，2008，第 520～521 页。

象，主要表现有二。

一是单纯合并中又被细分，其中的多个请求之间有密切关联的单纯合并可能与重叠合并、预备合并存在交叉。例如新堂幸司认为物的交付请求与代偿请求之合并既可以构成预备合并，也可以理解为单纯合并。邱联恭认为重叠合并是原告同时主张的多个声明并排序列，请求法院在容忍第一位声明时始判第二位声明，若第一位声明无理由即不请求第二位声明，例如起诉撤销诈害行为及因此返还某物即构成重叠合并，与其在单纯合并所举案例（原告起诉确认租赁关系存在和给付租金）类似，也可理解为单纯合并。

二是竞合合并与选择合并、预备合并等类型的重叠。诉讼标的学说争议的焦点在请求权竞合时诉的个数，有关争论推动了请求权竞合理论的发展，也为丰富诉讼合并理论提供了原动力，其结果是为请求权竞合的程序处理提供了多项选择，既有选择合并、预备合并，还有专门的竞合合并（我国台湾地区很多学者还认为重叠合并与竞合合并同义）。笔者认为，过多的方案选择会使当事人迷茫，也易耗费法院审判精力，并不利于权利保护和司法效益，在进行合并制度设计时应对诸多类型妥善整合，尽量避免交叉、重复建设。

（三）我国法律关系说下的客观合并类型

对于诉讼客观合并，我国存在制度供给不足，理论、规则、实务之间的割裂状态明显，实务界认同度不高等问题。[1] 我国立法上关于客观合并的条件及效力有零散规定[2]，认可同一原告对同一被告"增

---

[1] 韩波：《论请求权竞合时诉的客观合并之形态》，《现代法学》2022年第1期。
[2] 《民事诉讼法》第143条规定："原告增加诉讼请求，被告提出反诉，第三人提出与本案有关的诉讼请求，可以合并审理。"《民诉法解释》第221条规定："基于同一事实发生的纠纷，当事人分别向同一人民法院起诉的，人民（转下页注）

加"的诉讼、"基于同一事实发生的纠纷"进行客观合并，但含义不明、缺乏有效解释。立法不能确定客观诉讼合并的类型和规则，这给法律适用和解释保留了较大空间。程序法上的诉讼合并制度应随着社会现实需求和当事人主义理念的深入而灵活适用和完善，只要符合事物发展之逻辑、对程序公正和实体公正之实现有所助益，就可以进行探索、发展。

首先是给付之诉的合并。给付之诉是实现请求权为目标的诉，是最常见的诉讼类型。以给付之诉分析诉讼客观合并必要与类型最具有代表性。我国《民法典》确立了比较完善的请求权制度体系，其中体现了排除性竞合、选择性竞合、请求权聚合、请求权竞合以及补充型请求权之间的逻辑关系和不同安排。在客观诉讼合并理论和制度设计方面，合并的类型、条件和审理规则要兼顾民事权利的实现价值及诉讼公益，以达到权利保护全面、制度安排严谨、合并标准简单、消极作用最小的效果。

以法律关系说为依据，参考域外诉讼合并理论，笔者对存在多重请求权（外观）时，给付之诉适用的客观合并类型作以下归纳。

1. 竞合型请求权的合并

（1）请求权聚合不构成诉讼标的合并，只是诉讼请求合并。请求权聚合情形下只有一个法律关系，在我国不构成狭义的诉讼客观合并，只是一个诉讼标的上诉讼请求的合并。例如，人身侵权损害赔偿

(接上页注②)法院可以合并审理"；第232条将依据《民事诉讼法》第143条等提出的诉之合并限定在案件受理后、法庭辩论结束之前提出。最高人民法院《关于在经济审判工作中严格执行〈中华人民共和国民事诉讼法〉的若干规定》（已失效）第2条规定："当事人基于同一法律关系或者同一法律事实而发生纠纷，以不同诉讼请求分别向有管辖权的不同法院起诉的，后立案的法院在得知有关法院先立案的情况后，应当在七日内裁定将案件移送先立案的法院合并审理。"

法律关系中，原告应将各项损害赔偿要求一并提起，除非无法核准损害数额、尚未发现损害存在、损害持续发生等情形外，一般不得再就前诉中未提的损害另行起诉。再如，借款本金和利息（包括持续违约造成的损失）的请求权也应一并提起，因为诉讼标的只存在一个借贷法律关系；没有充分、正当的理由，应限制另诉提出残部请求或遗漏的请求等。

（2）请求权竞合存在不同法律关系（要件事实）主张，可通过选择合并、竞合合并、预备合并等形式处理。我国制度设计的整体方向应尽量类型单一、程序简化，尊重当事人处分权和强化法官阐明权。例如，合同请求权与侵权损害赔偿请求权竞合的，法官行使阐明权促成原告将两个法律关系合并起诉并说明不予合并的不利后果，但应尊重原告的处分权。在原告坚持不予合并起诉的情况下，法院只能审理原告主张的法律关系，如果判决支持原告的诉讼请求，原告因不再具有诉的利益而不得就另一法律关系提起诉讼；如果判决未支持原告的诉讼请求，在具备合理理由的情况下，才许可起诉另一法律关系。

（3）选择性竞合不构成诉讼标的合并，但存在权利实现方式的选择，因而构成诉讼请求的合并。选择竞合下多个可供选择的请求权源于同一要件事实，在诉讼中只成立一个诉讼标的。各请求权之间是供当事人进行排斥性选择的关系，比如原告对被告出售不合格商品的行为，可要求减价或重做，原告可对请求进行排序提出预备合并或提出选择合并请求，法院择一支持。

（4）排除性竞合属于法律适用的范畴，不适用诉讼合并。因为应确保特别法优先适用，实质上只存在一个实体请求权，该请求权源于一个法律关系，排除性竞合在诉讼中只成立一个诉讼标的。例如饲养动物致人损害的，不能适用一般侵权法律关系，而应当适用《民法典》第七篇第九章"饲养动物损害责任"法律关系。如果当事人提出的法律关系不当，法院应根据法官适法原则识别诉讼标的，当事人并无选择的余地。若法官适用法律错误，构成再审理由，而不可再次起诉。

2. 补充型请求权关系，以预备合并制度处理

首先，由于这类请求权构成要件矛盾、不能同时成立，若一个请求权成立，则另一个请求权不能成立，所以不能以选择合并、竞合合并处理，而需要安排审理次序的预备合并最为合适、经济。例如原告提起返还借款的诉，同时因对法律关系把握不准或担心证据不足以认定借贷法律关系，备位提出不当得利返还之诉，这种合并在兼顾权利保护和诉讼经济方面，效果最佳。

其次，确认之诉和变更之诉与给付之诉之间可能成立重叠合并。[①] 合并的复数诉讼标的有牵连关系并且其中一个诉讼标的成立是审理另一个诉讼标的的前提的，是重叠合并。比如，判决离婚是分割夫妻共同财产、确定未成年子女直接抚养权诉讼的前提，离婚、分割财产、确定子女抚养权三诉合并后应先审理离婚诉讼；再如，确认合同无效或解除合同是返还某财产的前提，构成确认之诉或变更之诉与给付之诉的重叠合并，是否继续审理后诉取决于前诉的判决结果。

最后，如果将同一当事人之间没有牵连关系的诉进行单纯合并处理，并不导致程序过分拖延的，可以进行单纯合并（并列合并），节省当事人的耗费；或者由同一个审判组织审理同一当事人之间的多个同

[①] 本书采邱联恭关于重叠合并的定义，以区分竞合合并、选择合并等客观合并类型。

类型的诉讼标的，以求诉讼资料在各案中共通利用，实现诉讼经济。

第三节　诉讼合并的阐明

阐明（释明）系大陆法系国家法官为了使诉讼关系明了，就事实上及法律上的事项促进当事人充分陈述或指挥其举证的诉讼指挥权。早期阐明的功能重在程序促进、真实之发现及作成正确裁判，后来扩展至促进纠纷一次性解决、避免突袭性裁判等方面，以使当事人有效行使处分权、实现程序公正。从德国阐明制度的发展史观察，经过2002年《德国民事诉讼法》的大幅修正，阐明权从早先的裁量权能性质演化为提问或指示义务。该法将139条（实质诉讼指挥）修正为法院有必要促使当事人及时完整地陈述重要事实、指明证据方法、指示及给予陈述意见机会、注意依职权审查事项存在的疑虑、要求补充书状等，将法官定位为积极的法官，而非自由主义式的消极司法性质[1]，以促进诉讼公正。

我国台湾地区"民事诉讼法"在阐明义务范围方面走得更远，于2000年修正"民事诉讼法"时规定了广泛的法官阐明协助义务[2]，以

---

[1] 姜世明主编《法官阐明义务及其界限之研究》，新学林出版股份有限公司，2020，第19页。

[2] 法院的阐明主要针对以下重点：（1）关于当事人事实上或法律上陈述的阐明，以便让当事人就诉讼关系之事实及法律为适当完全之辩论（第199条）；（2）关于得主张之法律关系的阐明，以厘清审判对象、攻防的方法及后来其确定终局判决之既判力的客观范围（第199条之一）；（3）诉之合并的阐明（第247条）；（4）关于法院于调查证据前应将诉讼有关之争点阐明的义务，以便集中审理（第296条之一）；（5）关于调查证据的阐明（297条）等。

使处分权主义在当事人诉讼能力欠佳的情况下也能得以有效贯彻，要求法院进行阐明上的协助。其中，明确诉讼标的及诉讼合并的阐明非常重要，若法官未尽阐明职责，视为违法，将构成裁判上诉理由。对于诉讼标的不明确或不确定的，法官应促使其作出符合目的之选择。诉讼标的之特定并非仅表明实体权利或实体法律关系就足够，往往还要借助于原因事实。在"民事诉讼法"第199条之一前款的规定中，明确了原告不论是以纠纷事实还是以法律关系为单位请求审理，法官都必须通过阐明权的行使，尽可能实现纷争的一次性解决。对于存在复数请求权、形成权或法律关系之主张者，审判长应请原告表明其间关系如何，有无预备合并、竞合合并或选择合并等关系。如采旧诉讼标的理论，在请求权竞合情形，若原告仅主张侵权行为，而后法官阐明亦有债务不履行请求权之可能的，由当事人决定是否变更或追加诉讼标的。

我国虽未在《民事诉讼法》确立阐明制度，但阐明权（或阐明义务）对于处分原则和辩论原则进行必要修正与补充的作用在实务中很受重视。2002年4月1日实施的《民事证据规定》在第3条第1款和第35条第1款①确立了阐明制度，《民事证据规定》在经2019年修正后又增加了多个条款。2019年发布的《九民会议纪要》要求法院

---

① 《民事证据规定》第35条规定，人民法院发现当事人主张的法律关系或民事行为效力与法院认定不一致的，应告知当事人可以变更诉讼请求。该条规定在生效期间成为法官对诉讼标的的行使阐明权的依据，但由于此职权行使有违反法官中立原则和侵害当事人处分权之可能而引起很大争议和困惑，于2019年被删改。2019年修订后的《民事证据规定》第53条第1款不再要求法官必须在庭审中向当事人明确无误地阐明其法律观点，而是根据案件审理情况和是否存在律师代理，适时适度地向当事人阐明法律关系性质或民事行为效力的其他可能性及其对案件的影响，促使当事人自由决定是否变更诉讼请求，进而在坚持处分原则和法官中立性的前提下有效避免讼累。

对追加被告、合同无效、合同解除等问题进行阐明，以阐明对象为标准，涉及了诉讼标的阐明（第13条第3款、第36条、第39条、第45条、第49条、第102条、第104条第2款）、抗辩权阐明（第4条和第36条）和法律阐明（第29条、第85条、第107条第2款、第110条第3款、第117条、第123条）。[①] 加强阐明以促进诉讼公正与效率是民事司法的趋势。我国采取诉讼标的之法律关系说，审判范围包括"买卖合同""侵权关系"等先决权利关系和产生于该权利关系基础上的相关请求权，为贯彻处分原则、防止裁判突袭，在诉讼标的、诉讼合并的阐明上，更应注意把握阐明权限，尊重当事人的选择权。对此，可以借鉴我国台湾地区法律规定与实务操作：法院对复数的请求权、形成权有责任进行阐明，促进诉讼合并。阐明之后，如果当事人请求合并审理，则判决对两个请求权均发生既判力；如果当事人仅诉一个请求权，既判力不应及于另一个请求权。

小　结

普通法系的诉讼合并类型繁多，为了一次性解决纠纷，容许各类主观合并、客观合并、交叉诉讼，将纯粹的同一当事人之间发生于一次纠纷事件/交易的纠纷强制合并，若当事人未及时提出审判请求，将发生失权效果，这对当事人的诉讼能力和律师代理比例要求较高，我国目前还不宜借鉴。

[①] 任重：《我国新诉讼资料释明的反思与重构——以〈九民会议纪要〉与〈新证据规定〉为中心的解读》，《当代法学》2020年第5期。

大陆法系客观诉讼合并类型比较清晰，主要包括单纯合并、选择合并、预备合并、竞合合并等，对我国有借鉴意义，但应注意到各国所采取的诉讼标的学说及其对诉讼合并制度的影响。此外，我国完全可以根据司法需求研究和发展适合本土的诉讼合并类型。因为客观诉讼合并的类型并非基于法律明文规定，而是基于处分主义、辩论主义原则，由实务中发展出来的，所以如果不存在程序上的不公和拖延，应当从宽予以承认。

下 篇
诉讼客观合并各论

我国应从法律关系说这一诉讼标的观念出发，确立一个不冗余、无遗漏、少交叉的客观合并体系，包括单纯合并、重叠合并、选择合并、预备合并和竞合合并等类型。这些合并类型应含义清晰、方便适用，以实现节约资源、一次性解决纠纷和防止矛盾裁判等诉讼价值。

第四章
单纯合并、重叠合并与选择合并

第一节　单纯合并

单纯诉的合并（并列合并）是指相同原告对相同被告，主张有两个以上相互独立的诉讼标的，以两个以上诉的声明，请求法院就各诉讼标的和声明均为判决之诉。杨建华先生和邱联恭先生均从体系化角度，将单纯的诉的合并分为无牵连的合并和有牵连的合并[①]，后者显然更具合并价值，前者由法院裁量为宜。

单纯合并的类型，以法律不禁止和遵从实务经验为合并的条件，具有一定任意性，主要由原告的处分及法院的必要审查来决定。但从一次性解决纠纷的效益来看，有合并价值的诉讼，法官可以行使阐明权促进诉讼合并。

[①] 杨建华：《民事诉讼法要论》，郑杰夫增订，北京大学出版社，2013，第215页；邱联恭：《口述民事诉讼法讲义（二）》笔记版，许士宦整理，台湾自版，2012，第215~217页。

一 无牵连关系的合并

（一）立法上不排斥无牵连关系的合并

相同原告可能对相同被告合并提起的数个诉，相互之间没有事实上或法律上的牵连关系，例如原告依借贷关系要求被告返还借款，又依买卖关系要求被告交付货物，并要求法院在一个程序中合并审理这两个诉。由于数个诉各自有其独立的目的，而这些独立的诉之间没有什么法律上或事实上的牵连，即在攻击、防御方法上没有什么关联，利用一个程序审理的利益并不大。但至少每次庭审，原告、被告可以不必分两次去法院进行，合并审理有节省时间、劳力、费用的益处。

我国《民事诉讼法》第143条、我国台湾地区"民事诉讼法"第248条之规定并不排斥这类合并；《德国民事诉讼法》第260条则明确支持诉讼种类同一的诉讼合并，当原告对于同一被告之多数请求，只要受诉法院对于全部请求具有管辖权，即使基于不同之理由，亦得于一个诉讼中合并。容许不同原因的客观请求之合并，最主要目的在于诉讼经济之追求。

（二）实务中无统一操作标准

我国《民事诉讼法》第143条允许对原告增加诉讼请求的合并审理，依目的解释和体系解释应认为包括对原告增加诉的合并审理。[①]对于一般的单纯合并，各诉的法律关系、管辖及诉讼请求相互独立，

---

① 具体分析见第二章第三节之第二部分。

本应分别起诉、分别判决，得以在一个程序提起，须有诉讼经济之价值。实务中，很多法院仍坚持对无牵连关系的诉分别审理①，但对同一当事人之间多起同类型的案件会指派给同一审判组织，以实现类案类判。部分法院接受无牵连案件的合并审理，即使被告提出异议，法院认为有合并利益的，也会依职权决定合并，以求提高诉讼效益。合并常见于以下情形。

（1）同一当事人之间签订的多个同类合同，有一定共通的事实，为避免当事人诉累，法院依职权进行合并审判或接受原告的合并起诉。例如将多个购销合同（如房屋买卖合同）纠纷②、多个借贷纠纷③、多个票据关系纠纷④、多个建设工程合同纠纷⑤等合并审理，在一个裁判文书中对各诉分别作出裁判。而对不接受合并审理申请的也会进行说理，比如案件复杂、不符合诉讼经济原则。⑥

（2）将当事人同意作为单纯合并的前提条件。⑦ 不少法院对单纯合并持宽松态度，只要当事人都同意合并诉讼，并不要求合并的诉讼

---

① 这与法院对诉的独立性的坚持有关，也与法院内部案件计数标准有一定关系。对于前者，可通过司法解释、司法文件等传达合并案件以提高诉讼效益的精神；对于后者，可通过将一个程序合并审理的案件分别确定案号或增加案件计数的方式解决。后者如离婚案件常有诉讼合并，可以对案件计数方式作出改革。

② 参见（2015）鄂民立上字第00271号再审民事裁定书、（2020）云0111民初16091号民事判决书。

③ 参见（2021）云01民终2304号民事判决书、（2015）鄂民立上字第00266号再审民事裁定书。

④ 参见（2015）鄂民立上字第00057号再审民事裁定书、（2015）鄂民立上字第00246号再审民事裁定书。

⑤ 参见（2021）皖0506民初1631号民事判决书、（2020）鲁民终1004号民事判决书。

⑥ 参见（2016）粤20民终4584号民事裁定书。

⑦ 参见（2021）云01民终2304号民事判决书、（2020）最高法民终189号民事裁定书。

须有关联性。最高人民法院（2010）民二终字第85号民事裁定书即认为：同一原告对同一被告提起的基于不同民事法律关系提出的复数请求，如果都属于受诉人民法院管辖且适用于同一诉讼程序审理的，人民法院可以进行合并审理，这对减轻当事人诉累、节省司法资源、尽量一次性解决纠纷、避免出现矛盾裁判有重要意义。①

二　有牵连关系的合并

单纯合并中两个以上的请求，相互之间有密切关联，可称之为有牵连关系的单纯合并。牵连关系包含法律上牵连和事实上牵连。比如，我国台湾地区实务上认为，原告以租赁关系消灭为由起诉返还租赁物，同时请求租赁物的损害赔偿；或者基于借贷合同合并提起偿还本金与利息之诉，属于法律上牵连。于同一书面契约为买卖及赠与约定，请求交付买卖标的物与赠与物；或者请求确认某地所有权，且请求返还该地，为事实上牵连。②

（一）我国有关法律上牵连合并的实践——请求权聚合

在一个请求权成立一个诉讼标的之旧实体法说下，于请求权聚合情形，认为构成单纯的诉的合并。根据诉讼法说，此时存在多个诉的声明，因而也认为构成诉的合并。例如以借贷合同基础要求支付借款本金和利息，以人身损害为由提起多种物质损害赔偿和精神损害赔偿请求等。

在我国以法律关系作为诉讼标的且实务中受理案件的案由一般较

---

① 苏泽林、景汉朝主编，最高人民法院立案一庭、立案二庭编《立案工作指导》（总第30辑），人民法院出版社，2012，第197~198页。
② 杨建华：《民事诉讼法要论》，郑杰夫增订，北京大学出版社，2013，第216页。

请求权更广泛的情形下，应认为以上请求权聚合只构成诉讼请求的聚合，而非诉讼标的的聚合。对可构成诉讼请求的聚合的，因为只有一个诉讼标的，法院应阐明促使原告在一次程序中完成权利处分，如果这些损害是已经发生和数额可以预见的①，没有必要允许当事人另行起诉或者再诉。即便原告只提出部分请求，确定判决也对所有请求权产生既判力，不得另案提起残余请求，除非具有正当理由。

对请求权聚合现象，最高人民法院的立法态度经历过变化。2001年《民事精神损害赔偿解释》第6条不支持就同一侵权事件另诉请求精神损害赔偿，认为违反一事不再理原则。可以看出，该解释认为请求权聚合时只有一个诉讼标的。但前述规定在2020年修正时被删除，意味着实务中不再禁止当事人对聚合的请求权分别起诉。这与最高院2015年颁布实施的《民诉法解释》第247条将诉讼请求的异同也作为判断重复起诉的要素之一以及实务中的变化有较大关系，但247条的规定以及这样处理请求权聚合的诉讼问题并不符合诉讼标的法律关系说内涵及价值目标，也与彻底解决纠纷、防止重复起诉的制度目的不合，应予修正。

在《民诉法解释》247条实施之后，实务中对拆分请求通常并不区分有无正当理由，普遍予以支持。② 这种处理若成为惯例，则当事

---

① 如果存在尚不能估计数额的损害（比如儿童受害人在长大后进行身体机能修复的费用、治疗后遗症的费用等），可以将其扩张解释为"新事实"允许另行起诉或者依情势变更理论允许另诉。

② 例如（2022）豫02民终3号民事裁定书推翻了（2020）豫0222民初1135号一审判决书中认定的后诉要求支付借款利息构成重复起诉的理由，认为一审原告起诉借款利息与前案起诉借款本金属于不同的诉讼标的，不构成重复起诉。
再如（2021）最高法民终445号民事判决书以前后两诉的诉讼请求不同（一个是履行交付案涉土地及土地证的义务，另一个是要求将案涉土地使用权登记到原告名下）为由，认定后诉不构成重复起诉。

人任意拆分请求，甚至将利息也进行分段诉讼的现象也会被认可，这难免影响诉讼效益和裁判稳定性，也加重了被告的应诉负担。而这些现象本可以通过加强阐明和完善诉讼请求[1]加以避免的。实务中也有对拆分请求的合理性进行说理。例如在某案件中，由于双方当事人对利息计算方法存在争议，双方均同意就利息问题不在前案中处理，由双方另案诉讼解决，故后诉对利息的请求，不认为构成重复起诉。[2]显然，为防止原告滥用诉权、任意拆分请求，法院对拆分请求是否合理进行职权审查的做法，更具有正当性、合理性。

（二）我国有关事实上牵连合并的实践

如果原告请求确认某地所有权，且请求返还该地，两个诉有密切牵连，合并提起即属于单纯合并。单纯合并的多个诉是相互独立的，即便确认所有权之诉不成立，请求返还土地之诉也可继续审理，因为依占有权、管理权等也可以要求返还某地。原告提出两个事实上有牵连的诉，都请求法院作出判决，并没有附上条件说确认某地所有权后才判返某地。

我国台湾地区实务中还承认被告若不能交付某物，则应给付相当金钱的单纯的有牵连诉讼合并。笔者认为，这类案型更适合以选择合并或预备合并解决，此请求与另一请求是只能择一实现而非均能成立的关系，故不适于单纯合并。

---

[1] 比如对前述（2021）最高法民终445号案件，本可以经由法官阐明，基于有利于执行、彻底解决纠纷的目的，告知原告可增加相应诉讼请求；而有关全面补偿利息的问题，可以在诉讼请求中表述为"计算到实际支付之日止"，就可以避免原告对前诉判决之后被告继续违约的行为再次起诉，而将继续违约的利息请求权包含在前诉，并在执行程序中得以精确计算。

[2] 参见（2020）最高法民申6880号民事裁定书。

关于单纯合并的审判问题，合并的只是审理程序。不论哪种单纯合并，各诉的诉讼标的仍彼此独立，即便为了减轻当事人的诉讼负担或由于攻击、防御方法上可能有共通之处而合并在一个程序中进行审理，法院就各诉均须作出有理由或无理由的判决，不得择一为有理由之判决。

第二节　重叠合并

一　重叠合并的含义

我国台湾地区有观点认为重叠合并与竞合合并同义，还有认为在适用于请求权竞合时与选择合并互通，比如台湾地区（1982）台上字第2388号判决旨意认为："被上诉人本于上诉人无权占有系争房屋之同一事实，依据侵权行为或不当得利之法律关系，请求上诉人赔偿损害或返还不当得利，此种起诉之形态，学者谓之重叠的诉之合并；诉讼标的虽然有数项，而仅有单一之声明，法院应就原告所主张之数项标的逐一审判，如其中一标的之请求为无理由，仍须就他项标的之请求审判，若认其中一项请求为有理由，则可为原告胜诉之判决，就他项标的无须更为审判。法院就数项标的同时判决，则为法所不许。"①

笔者认为，将重叠合并区别于选择合并、竞合合并、预备合并，而专门规范某类请求权的合并，既便于当事人妥善理解，也有助于建

---

① 参见我国台湾地区《"最高法院"民刑事裁判选辑》第3卷第2期，第43页。转引自张永泉《民事之诉合并研究》，法律出版社，2009，第47页。

立健全一个完整、简明又逻辑严密的合并诉讼制度体系。因而，对于现实存在的一类特殊的合并类型，采用邱联恭特别定义的"重叠合并"予以解决甚为妥当，即重叠合并是指"原告提起诉讼，同时主张两个以上之声明而排列顺位，请求法院在容认第一位声明时始判第二位声明，若第一位声明无理由即不请求判第二位声明"。也就是说，前位声明的成立构成后位声明的审理前提，在前位声明成立时，后位声明也可能成立，多个诉可以全部成立且前、后诉存在依存关系，是其与选择合并、竞合合并、预备合并的不同之处。

二 重叠合并的类型

重叠合并中前位声明与后位声明关系密切，后位声明通常是前位声明成立的实体法上后果，合并审理利益较大，可以一次彻底解决当事人之间的纠纷。对这类请求权，即便没有特别的法律规定，实务中当事人通常都会一并提起，法院也会一并审理。这种操作是非常理性，也非常符合经验的。常见重叠合并类型如下。

1. 提起形成之诉，并同时提出法律关系变更后要求的给付之诉

典型的有解除合同并提出返还财产、赔偿损失等给付要求，起诉离婚同时提出分割夫妻共有财产、确定未成年子女直接抚养权问题等。[①] 因为前诉构成后诉的前提，并且一旦前诉获支持，则意味着后诉争议的法律关系需要解决，二者在实体法上关系特别密切，实务中

---

① 离婚诉讼与分割财产、子女抚养权争议之间往往有牵一发而动全身的关系，立法也体现了合并审理的要求。比如根据《民诉法解释》第327条关于二审法院对一审判决不准离婚的案件认为应当判决离婚的程序处理，可以看出最高人民法院认为离婚、子女抚养、财产问题适宜在一个程序中合并处理的司法态度。

当事人起诉时会一并提起审判要求，法院一般会合并处理。

2. 提起确认之诉，并同时提出给付要求

典型的有确认合同有效并要求履行合同；确认合同无效并要求返还财产、赔偿损失等。因为前诉构成后诉的前提，并且一旦前诉获支持，则意味着后诉的请求需要解决，二者在实体法上关系特别密切，实务中当事人起诉时会一并提起审判要求，法院一般会合并处理。并且，鉴于大多确认之诉的目标在于权利/法律关系确认后的给付，而给付之诉的审判需要先确定法律关系成立，对确认之诉应该审查是否有独立的诉讼利益：若不具有单独诉的利益，应建议当事人提起给付之诉；若具有单独诉的利益，应阐明是否需要与给付之诉一并提起。

对于重叠合并，当事人和法院都很少讨论诉的个数问题。由于实务中也常有只诉确认之诉或形成之诉，而将胜诉后需要对方给付的实体法后果留待以后解决，进而形成二次诉讼的情形，法院对于重叠合并的可能性应予以阐明，避免不必要的资源浪费和被告人负担。事实上，尽管未采用重叠合并的概念或类似说法，不少司法解释和司法文件都注重以合并的方式一次性解决纠纷。①

三 重叠合并与牵连合并

重叠合并与有牵连的单纯合并有何不同？单纯的牵连合并，例如请求确认某地所有权，且请求返还该地，这两个诉虽有密切关联性，但当事人对两个诉都请求法院作出判决，且没有附加条件，并未说确

---

① 例如《九民会议纪要》第36、49条要求法院对确认合同无效、解除合同的案件，释明当事人一并提出相应诉讼请求。

认某地所有权获得支持，才请求判返某地（依占有权、管理权等也可以要求返还某地）。这类单纯合并通常是两个诉的声明、两个诉讼标的之单纯合并，相互之间并未排列条件和顺序，仅因请求内容与性质相互之间具有密切关系，不适合作出部分判决，而要求法院对两个请求都作出判决。而重叠合并是附有条件和审理顺序的，即前位的请求成立时才需要审理后位请求。例如第一位声明请求确认原被告之间的房屋租赁关系，如果第一位声明有理由，则请求确认承租人具有优先购买权。

第三节　选择合并

我国台湾地区判例认为，选择合并是指相同原告对相同被告，以单一之声明，主张两个以上诉讼标的，请求法院择一诉讼标的而为胜诉判决。[①] 这一概念符合对选择合并的一般认识。

一　选择合并的含义

在旧诉讼标的理论下，诉讼标的之单复数取决于实体法上请求权的单复数。当请求权竞合时，可能引起多次诉讼以及多个胜诉判决，这与不应支持双重给付的实体法理不符，不仅损害被告的实体利益，也会侵害其程序利益。为了克服旧诉讼标的说的缺陷，旧诉讼标的理论的支持者（如兼子一等）主张适用选择合并（择一合并）的诉讼

[①] 杨建华：《民事诉讼法要论》，郑杰夫增订，北京大学出版社，2013，第218页。

形态，即在请求权竞合时，如果法院对竞合的数个请求中的一个予以认可，其他请求审判申请的条件则解除；只有全部请求都不应支持，才能作出原告败诉的判决。① 经法院审理作出相应判决后，当事人的诉权消耗完毕，不得再次起诉。此诉讼合并规则，可以一次解决纠纷，避免重复诉讼，双方当事人和法院都可获益。新实体法说学者尼基施也认为借款和本票关系之类的"真正的请求权竞合"构成选择合并。债权人得提起选择合并诉讼以克服旧说弊病，此见解为大多数学者所接受。选择合并具有"选择性"或者说"择一性"的特点。

1. 无须排序的选择权

对请求权竞合的选择合并，依据旧实体法说的见解，认为有两个诉讼标的；依据新诉讼标的理论，认为是在一个诉的声明之下主张的两个以上攻击及防御方法。为维持审理的弹性，确定多个攻击及防御方法的审理顺序是法院的自由。因为攻击及防御方法的提出，应适用辩论主义而不适用处分权主义。当然，诉讼指挥权的行使应当考虑到公正程序请求权的法理，顾及当事人的实体利益和程序利益。② 所以，是否安排审理顺序是原告的权利，若原告有意对攻击及防御方法排列了审理顺序则约束法院，法院忽略当事人审理顺序的意愿将影响判决的既判力；若原告对审理顺序不做安排，则由法院决定次序。

2. 附解除条件的选择权

适用选择合并的要件是：原告的诉讼请求单一，但主张两项或以上得以成立的请求权基础，请求法院择一诉讼标的判决以支持其诉讼请求。请求权竞合时，任何一个请求权的实现都可以使权利人实现受

---

① 〔日〕新堂幸司：《新民事诉讼法》，林剑锋译，法律出版社，2008，第 522 页。
② 邱联恭：《口述民事诉讼法讲义（二）》笔记版，许士宦整理，台湾自版，2012，第 221~223 页。

偿目的，因此，实体法理不支持双重给付。原告提出多项请求权基础，是为了加强法律论证、提高胜诉的可能，不是为了获取双重实体利益。相应地，复数的请求被附以如下解除条件：若一个请求被认可，其他请求均无须予以审判。故选择合并是原告提出数个请求，以"认可数个请求中的一个请求"作为审理其他请求的解除条件的合并形式。① 这一定义非常简明、切实，足以与其他合并类型区分。

3. 交给法院行使的选择权

选择合并是原告以单一的诉讼声明，主张两个以上诉讼标的，只要法院就其中一个作出胜诉判决，就满足原告起诉的目的。由于是原告将多个诉讼标的交给法院选择，原告的处分权并未受到侵害。不论法院选择哪个诉讼标的作为胜诉依据，原告都因胜诉而不具备上诉利益。

二 选择合并的适用范围

选择合并绝非解决请求权竞合问题的附属品，适用于哪些案型是由其特点决定的，这样理解选择合并，才可使其成为一个开放、发展的制度。在当事人有多项法律权利依据得以选择，但又不能全部获得支持的案型中，以选择合并方式审判，可以一次解决纠纷，既保护原告的权利又不至于权利被滥用，对被告也有减轻诉讼负担的利益，司法资源得以节约同时维护了裁判的稳定性和权威性。

1.（狭义）请求权竞合

拉伦茨区分了竞合型请求权的四种不同的情形：排除性竞合、选

---

① 〔日〕伊藤真：《民事诉讼法》（第四版补订版），曹云吉译，北京大学出版社，2019，第417页。

择性竞合、请求权聚合和（狭义）请求权竞合。狭义的"请求权竞合"（Anspruchskonkurrenz）是指同一生活事实可为不同请求权规范所涵摄，此不同规范生成的多个请求权给付内容相同，当事人得选择行使任一请求权。例如，我国《民法典》第 186 条允许当事人选择请求对方承担违约责任或侵权责任。

我国也有判决提出可以选择合并解决请求权竞合，"即原告提出的两个存在竞合的主张，当其中一个得到法院支持后，另一个便视为自动撤回，如此便不存在一方当事人获得双重利益的情形"。如果原告只选择一个请求权起诉，在主张被告承担违约责任并得到法院支持后又"就同一案件事实、同一诉讼请求提起侵权诉讼，构成重复起诉"①。

邱联恭认为，选择合并又称为择一合并，因为如果法院审判结果支持原告的一个请求，原告即达到诉讼目的。所以他不同意部分主张旧说的学者所谓仅适用于请求权竞合的观点，认为就其他情形如果有选择合并之实体上利益或程序上利益存在时，亦应允许提起。笔者亦认为，诉讼合并的类型及容量应依合并的利益和性质为划分标准，而非局限于某一特定疑难问题的解决。就择一请求支持即胜诉的特征而言，选择合并不应仅限于请求权竞合时适用，其还有更大适用空间。

德国理论上对于请求权竞合，依新诉讼标的理论认为只有一个诉讼标的，不同的请求权只被当作诉讼理由的合并②，未能在案件审理中提出的诉讼理由没有机会另行诉讼。实务中很多人为了胜诉提出多

---

① 参见（2018）鲁 0785 民初 5151 号民事裁定书。
② 虽然二分支说与旧实体法说是不同的诉讼标的学说，但为了达到一次性解决纠纷的目标，都以选择合并对待数个诉讼理由或数个诉讼标的，因此，选择合并的原理是相同的，诉讼的结论也基本是一致的。

项诉讼理由，法院也采用选择合并的方式进行审理，如果法院对数个请求权中的一个予以认可，则无须再对剩余的请求予以审判；而只有所有请求权都不成立，才可作出驳回诉讼请求的判决。值得一提的是，德国学说一般不支持原告在同一诉的声明之下主张多个相互矛盾/排斥的诉讼理由，并要求法院择其一作出胜诉判决，这被认为没有特定诉讼标的，因而并不合法。例如，原告起诉要求被告给付10万元，其提出买卖货款和借款的事实理由请求法院审判，这相当于要求法院确定本应由原告确定的诉讼标的。①

2. 请求权的选择性竞合

根据拉伦茨对竞合型请求权的分类，选择性竞合也称择一竞合（alternative Konkurrenz），指的是就数项请求权（或一项请求权与一项形成权），当事人得选择其一行使之，倘已行使其一时，即不得再主张其他的请求权。如我国《民法典》第588条的违约金与定金择一规范。再如，原告行使诈害行为撤销权，可请求被告返还原物或返还不能情形下应等价赔偿。本质上，上述情形属于同一权利的不同实现样态，而这些请求权之间的效果相互排斥，选择其一则另一个在法律上无法行使或客观上无法实现，故择一即消灭其他。是否允许对选择性竞合予以选择性合并，各国学说和实务并不一致。

德国实务不接受对请求权的选择性竞合提出选择性合并。例如原告基于瑕疵给付而起诉对于出卖人主张物之瑕疵担保责任者，必须在诉讼外就解除契约、请求减少价金或损害赔偿先做选择，而后依其选择的结果特定其程序上的请求权，不得将该选择权留待自己或被告在

---

① 这类相互排斥的诉讼标的可以适用预备合并解决。

诉讼程序中随时行使之。① 不允许对原告可选择的请求权进行选择合并，想必是因为原告本可以在诉讼外就做好选择，不应在起诉时同时提出请求、增加法院负担。但是对一些起诉时还不确定各请求权何者更为有利的情形，可以按预期利益排列顺序并提出预备合并，这样操作既符合自身利益，也与预备合并审理的次序性相合。

我国实务中，有判决正确把握了选择性竞合的请求权之间互斥的实质，允许当事人对其予以选择性合并处理。例如在母某等人提起的合同纠纷案中，法院认为，违约金责任与违约损害赔偿责任均为违反合同的民事责任形式，且都具有补偿的性质，即"违约金请求权与损害赔偿请求权之间的关系不是选择之债，而是不同权利请求权的选择性竞合关系"，故原告有权自主选择主张损害赔偿请求权。② 同样允许当事人一并提起选择性竞合的请求权的还有杨某等与北京链家房地产经纪有限公司房屋买卖合同纠纷的审理法院。③ 笔者认为，在我国法律关系说之诉讼标的概念下，这种合并不是诉讼标的合并，只是不同权利实现方式的审理合并。

也有法院未能正确理解请求权的选择性竞合关系，以为（狭义的）请求权竞合也属于"选择性竞合"，进而认为当事人应提前选择行使一个请求权④，不支持选择性合并诉讼，对当事人有失公允。

3. 选择之债

罗森贝克在其教科书中指出，选择合并适用于选择之债的诉讼，

---

① 黄茂荣：《债之概念与债务契约》，厦门大学出版社，2014，第102页。
② 参见（2015）渝一中法民终字第01577号民事判决书。
③ 参见（2017）京0105民初65712号民事判决书、（2018）京03民终8370号民事判决书。
④ 参见（2016）浙08民终270号民事判决书。

即债务人享有法定的替代权限①或者原告允许被告替代给付的情况。由于如何履行义务的选择权在债务人，权利人就有必要先通过判决确定选择给付的内容，即以选择合并提起诉讼。法院对于选择合并进行审判时，应当对两项诉讼请求一并进行裁判，之后债务人有权选择给付。② 各国民法均容许选择之债，我国亦不例外。

在青岛安大置业有限公司与马某之间房屋拆迁补偿合同纠纷再审案中，法院审理后认为诉请成立，遂依争议合同的内容，判决"若甲方违反协议规定，未如约交付协议约定房屋或以任何理由提出要求提前收回该房屋或因甲方原因导致任何第三人对该房提出权利要求，使得乙方无法在该房居住，甲方应按该房当时市场价值向乙方支付违约金或安排同地段普通住房一套并将户口迁入该住房。"③ 在九圣禾控股集团有限公司、青岛福日集团有限公司股权转让纠纷一案中，法院判决支持了原告依合同提出的"若九圣禾种业公司未能实现上述业绩承诺，乙方有权选择要求甲方以现金或股权的方式补偿乙方"的诉讼请求。④

由此可见，对选择之债的审判并非支持一个请求权即达到原告的诉讼目的，而是对多个诉讼请求（的请求权基础）一并审判。如果判

---

① 比如《德国民法典》第251条第2款第1句：恢复原状所需费用过巨者，赔偿义务人得以金钱赔偿债权人；第528条第1款第2句：受赠人得支付维持生计之必需金额以避免返还；第1992条第2句：继承人得支付价额，以代现存遗产标的物之交付。
② 《德国民法典》第264条第1款：有选择权之债务人未于强制执行开始前为选择者，债权人得依其选择，就其一宗或他宗给付为强制执行；然于债权人尚未受领所选择之给付之全部或一部分前，债务人得给付其余给付中之一宗，免除其债务。
③ 参见（2022）鲁民申212号民事裁定书。
④ 参见（2021）新民终228号民事判决书。

决支持该请求权基础，最终履行何种债务，选择权在债务人。其审判内容和选择权主体显然与前两种选择合并的案型有所不同。以上特征是由法院的审理对象决定的，这种债属于法定或约定的选择之债，审判只考虑是否支持请求权基础及选择之债的合法性、可行性，如果判决予以支持，则选择将发生在审判之外。

三 选择合并理论的新发展——有关违反"明确性"要求的质疑

在 2011 年德国技术监督协会一号（TU：VI）案[①]和 TU：VII 案之前，联邦最高法院对于只有一个单一的法律保护请求，而有不同诉讼理由的选择性诉讼合并没有明确指责，等于默认了较为宽泛的诉讼标的概念。但随着竞争法和知识产权法的实践，越来越多的人使用选择性诉讼理由，将两个或多个理由抛给法院，让法院进行选择。这被认为违反了起诉的明确性要求以及不尽公平和可能违反诚信。

一方面，对法院而言，无序的诉讼理由选择性合并违反了《德国民事诉讼法》第 253 条第 2 款第 2 项的起诉确定性要求。法律要求原告在诉状中明确诉讼请求及提出请求的标的和理由，这样才能确定裁判的对象、范围（第 308 条第 1 款）和既判力的范围（第 322 条）。在主张由多项受保护的权利或多个竞争法、知识产权法上的请求权所派生出来的单一的诉讼请求时，原告必须指明提请法院审查的顺序，而不能让法院进行选择。

---

① 该案判决参见李大雪《德国联邦法院典型判例研究——民事诉讼法篇》，法律出版社，2019，第 56~57 页。

德国联邦最高法院在 2009 年埃菲尔报纸案的判决中阐述了法院对诉讼理由进行选择性判决对于判决效力范围的重大影响。该案原告提出多个标识权利要求法院作出禁令判决。若法院只针对一项标识权利作出禁令判决，则该权利消灭将影响禁令执行，被告可依法提出执行反诉（第 767 条）。只有针对所有标识权利作出的禁令判决，才不会因其中一项标识权利的消灭而受到影响。这说明：第一，依选择合并，法院只要对容易审理的一个诉讼请求作出承认即可，因而有过度赋予法院专权的问题；第二，在这类案件中，只选择部分诉讼理由进行胜诉判决已经不能满足判决确定性的要求，判决基础随时可能被推翻。

另一方面，对被告而言，诉讼理由的选择性合并违反"武器平等"的诉讼法一般原则。在一号案之前，德国联邦最高法院并不限制将单一的诉讼请求置于不同诉讼理由之上的选择性合并，并将其理解为处分原则与法官知法原则的一种结合。而现在，"武器平等"的理由显得更为重要。① 当原告提出多种诉讼理由，被告不想败诉就要对所有理由进行防御，这使被告处于相对不利地位。如果原告不确定法院审查的各个诉讼理由的顺序，被告就无从知晓首先要对一大堆理由中的哪一个进行权利防御，不能根据重要性进行相应的准备，有过度赋予原告便利的嫌疑。

由此看来，对请求权竞合适用不排列审理顺序、由法院择一判决的选择合并形态是否恰当，已产生观念上的动摇。此外，选择性竞合的请求权可以纳入预备合并来解决；唯有选择之债案型仍须适用选择合并，选择合并的适用性正在发生消解。

---

① 李大雪：《德国联邦法院典型判例研究——民事诉讼法篇》，法律出版社，2019，第 60~66 页。

四 选择合并的审判

1. 对（狭义）请求权竞合和选择性竞合的审判

就这两类案型，选择合并之合并形态既符合原告之意思，而且从被告的立场看，其他剩余请求也因解除条件成就，法院不为裁判，也不生实质上之不利益，所以，法院没有就剩余请求作判断之必要。法院在欲使原告败诉时，则必须将全部之请求为审理，作出原告请求驳回之结论。由于选择的合并之各请求相互间，具有理论上的关联，法院不得分别辩论。① 判决时，认为其中一诉有理由的，即应作出原告胜诉的判决，其他诉就毋庸判决；认为各诉均无理由，应作出败诉的终局判决。

对于这两类选择合并，无论法院选择哪个诉讼标的或请求权作为原告胜诉的依据，原告起诉目的都已经实现，则原告因胜诉而不具备上诉利益。被告对此不利判决有权提起上诉，其未经第一审裁判部分之诉，应因被告上诉随同移送于第二审法院。第二审法院应将各诉合并辩论，若认为第一审判决正当，应驳回上诉；若认为第一审判决不当，而未经裁判部分之诉为有理由的，则应变更原判决就第一审未裁判部分为原告胜诉的判决；第二审认为各诉均无理由的，应驳回原告在一审的全部诉讼。如果一审认为各诉均无理由而驳回原告的诉讼请求，原告对该判决上诉的，第二审仍应就各诉合并进行辩论，一并作出是否支持上诉请求的判决。②

---

① 李木贵：《民事诉讼法（下）》，元照出版有限公司，2010，第8页。转引自尹禹文《比较法视野下台湾地区诉之客观选择合并之探讨》，《海峡法学》2018年第4期。

② 杨建华：《民事诉讼法要论》，郑杰夫增订，北京大学出版社，2013，第219页。

2. 对选择之债的审判

选择之债是否成立，需要法院对多个诉讼请求（的请求权基础）一并审理决定。若判决支持该请求权基础，最终履行何种债务，选择权在债务人，选择权的行使发生在判决之后。因此，法院的审判应对全部请求权都进行审理和裁判，才可能向债务人提供债务的选择权。若当事人对一审裁判不服，自当发生全案移审的效力。

小　结

单纯合并包括无牵连关系的合并和有牵连关系的合并，以法律不禁止和遵从实务经验为合并条件，由原告的处分及法院审查来决定。若有合并价值，法院可行使阐明权促进诉讼合并。

重叠合并中后位声明通常是前位声明成立的实体法上后果，二者关系密切，合并审理的利益较大，予以合并可一次彻底解决当事人之间的纠纷，法院应向当事人进行阐明、促成诉讼合并。

在当事人有多项法律依据可供选择，但又不能全部获得支持的案型，适合以选择合并方式审判，既便于保护原告权利，又节约司法资源。但选择合并理论的新发展认为，选择合并有过于照顾原告的利益且可能赋予法院专权的问题，那么，既然原本认为可适用于选择合并的请求权竞合和选择性竞合案型可以分别通过竞合合并、预备合并加以解决，最适于选择合并的就只剩选择之债一类案型。若将选择之债的构成要件作为单一审理对象而非多个诉讼标的来理解，选择合并之诉就可以被消解，客观合并制度得以进一步精简。

第五章

预备合并

第一节 预备合并概述

一 预备合并的含义和特征

诉的客观预备合并,又称假定合并、顺位合并,通常是指请求权人考虑到主位请求有可能不获认可,预备性地提出备位请求,以备先位之诉无理由时,可就备位之诉获得有理由之判决的客观诉讼合并。先位之诉有理由时,主请求被支持构成备位请求的解除条件,法院不得就备位请求裁判;法院驳回主请求,则须审判备位请求。例如,原告想以买卖关系纠纷起诉被告支付货款,又担心合同无效导致合同义务无法履行,因而合并起诉请求返还不当得利(已经交付的货物)。

预备合并的突出特点在于顺位性、条件性、互斥性。

1. 顺位性

顺位性也被称为预备性,是指原告经过综合分析后,对于合并在同一诉讼程序当中的两个诉做了次序安排,其最希望法院支持其先位之诉；当先位之诉未获支持时，退而求其次，要求法院裁判处于预备性地位的备位之诉。换言之，由于先位之诉存有不被法院认可的可能性，原告从而提出备位之诉以防止出现败诉的结果，故二者之间具有预备性；而预备性主要体现在当事人就法院对二者的裁判顺序作出限制，即法院应当根据当事人的意思，有顺序地对当事人所提出的先位、备位之诉进行裁判。换言之，法院应当优先裁判前者，只有认为其无理由时才需裁判后者，此为"顺位性"的体现。请求和审理的"顺位性"具有尊重当事人处分权及减轻法院选择负担的优点。

2. 条件性

条件在民法领域一般被分为停止条件和解除条件，前者的作用是在该条件得到满足时，法律行为才发生效力，反之不发生效力；后者的作用是在该条件得到满足时，法律行为的效力消灭，反之效力持续。[①] 诉的客观预备合并的条件性，是以主位请求不合法或无理由时，必须同时对备位请求进行审理和判决。具体而言，在先位之诉被认可时，当事人不要求法院裁判备位之诉；若先位之诉不被支持，当事人则要求法院对备位之诉进行裁判。由此可知，条件性一方面是指解除条件，即以前者被法院认可作为后者诉讼系属的解除条件；另一方面是指停止条件，即以前者不被法院认可作为裁判后者的停止条件。[②] 从表面上看，条件性不是诉的客观预备合并独有的特征，诉的客观选择合并亦是将数诉中任意一个被法院认可作为剩余诉之诉讼系属的解除条件，但预备合并的条件性是与顺位性密切相关的，即预备客观合并就裁判附有条件，法院应遵守原告表明的顺位而为判决——当主位

---

① 王泽鉴：《民法总则》，北京大学出版社，2009，第334~335页。
② 李磊：《客观预备合并之诉研究》，博士学位论文，西南政法大学，2014，第38页。

请求无理由或不合法时，法院即应就备位请求判决；当主位请求有理由时，法院即不应就备位请求判决。

3. 互斥性

互斥性又称为排斥性，是指主位请求和备位请求的法律依据是相互排斥的，不能同时成立而获得两个胜诉判决。换言之，这种互斥性是由先位之诉与备位之诉在实体法层面的关系所决定的，其主要表现为以下两点。其一，权利成立层面的互斥性，即两实体权利或请求权为补充型关系时，两诉讼标的相互排斥，不能同时成立。在实体法体系中，若多套法律规定的构成要件在适用层面上不能并存，则据以成立的数个实体权利或请求权就相互排斥；但从规范功能的角度来看，它们是相互补充的，使之就相关联事务的规范形成互为补充的关系，同时也起到了防止规范漏洞或空窗的作用。[①] 其二，法律效果层面的互斥性，即两实体权利或请求权为竞合型关系时，因其目的相同或替代，两诉讼标的不能同时获得法院支持，应做取舍，故实际上在结果层面也具有互斥性。[②]

互斥性是固有的（狭义的）预备合并的核心特征，从逻辑上决定了请求与审判的顺位性和条件性。为了一次性解决相关纠纷并防止矛盾裁判——若同一事件或相关联事件上假设成立的请求权存在相互排斥的关系，当事人有权依照顺序进行选择并请求法院审判和支持其中一个请求权。如果能够以主位请求满足原告的权利主张，则备位请求就无必要发生诉讼效力，否则，应继续审理备位请求是否成立。因此，预备合并比一般的合并之诉更符合一次解决纠纷的诉讼经济性与

[①] 黄茂荣：《无因管理与不当得利》，厦门大学出版社，2014，第 118~119 页。

[②] 肖林华：《程序效益视角下客观预备之诉合并的制度设计》，《法律适用》2016 年第 3 期。

救济完善性。

二 预备合并容许性的域外考察

诉的客观预备合并起源于德国,后传入日本和我国台湾等地区,该制度在理论方面有深入发展,实务上也被广泛应用。在普通法系国家,也存在允许假设性地提出多个诉因的合并之诉。基于先位之诉与备位之诉的关系不同,域外就预备合并之诉的容许性形成了几种比较具有代表性的稳定类型。

1. 不以相互排斥为必要条件的德国预备合并制度

《德国民事诉讼法》第147、260条①是诉讼客观合并的法律依据,也是学者对预备合并进行扩展解释的立法基础。

有关诉的客观预备合并的理论研究经历了从否定到肯定并逐渐放宽条件的过程。最初,学者们对预备合并基本持反对意见,理由主要有两个:一是预备合并之诉破坏了诉的安定性;二是造成被告不利的诉讼地位。就前者而言,旧实体法说认为,诉讼不能附条件。当事人起诉就会发生诉讼系属,须禁止当事人把诉讼系属的效果往后推迟以免诉讼陷于不安定状态,而预备合并中的备位之诉是附条件的诉讼,在先位之诉获得确定判决之前,备位之诉的诉讼系属处于不确定状

---

① 《德国民事诉讼法》第147条规定:"系属于同一法院的同一当事人或不同当事人的数个诉讼,如果作为诉讼标的的请求在法律上有牵连关系,或者是可以在同一诉讼中主张的,法院为了同时辩论和同时裁判,可以命令将数个诉讼合并起来。"第260条规定:"原告对于同一被告有数请求,各请求虽基于不同的原因,但只要都属于受诉法院管辖,又可按同一种诉讼程序进行时,可以合并为一个诉讼。"参见《德国民事诉讼法》,丁启明译,厦门大学出版社,2016,第38页。

态，诉的安定性遭到破坏。就后者而言，在通常的诉讼情形之中，法院受理案件之后，被告对原告提起的诉讼，有权要求作出本案判决，以终结诉讼。因此，许多国家和地区的民事诉讼法都规定，若被告已经对原告的诉讼进行了答辩，就有权利维持其在诉讼上因应诉所得的诉讼成果。相应地，为平等保护被告的权利，原告的撤诉申请须经被告同意才能发生效力。① 如果允许原告任意提起预备合并之诉，在主位请求被判决有理由的情况下，备位请求即溯及起诉时丧失其诉讼效力，意味着诉讼未经被告的同意即发生与撤回诉讼同样的结果，而被告针对后者所开展的诉讼活动有可能白费，进而致使其对法院就后者进行裁判的期待利益丧失，其程序利益受损。② 预备合并之诉与传统的诉讼形态及诉讼理念不符，故德国民诉法学家在早期大多不认可预备合并之诉的合法性。在民事诉讼实务中，当事人经常提出预备合并之诉，但法院判例鲜有讨论其合法性问题，一般默认其合法性。不过，德国帝国法院最早的观点是，在先位之诉被驳回的情形下提出备位之诉才合法。

随着司法实践中允许客观的预备合并的判例增多，学者关于该制度合法性的态度也发生了变化，之前的否定理由也获得了合理说明而不再是问题。首先，诉讼不允许附条件，主要是为了避免诉讼行为的效果因为诉讼以外的将来还未确定的事实，产生长久未定的状态。而

---

① 例如《德国民事诉讼法》第269条规定，被告开始言词辩论后，原告撤诉应经被告同意；撤诉后再起诉的，被告在得到诉讼费用的补偿前可拒绝应诉。我国《民诉法解释》第238条第2款规定，"法庭辩论终结后原告申请撤诉，被告不同意的，人民法院可以不予准许"。我国台湾地区"民事诉讼法"第262条第1款规定，"原告于判决确定前，得撤回诉之全部或一部，但被告已为本案之言词辩论者，应得其同意"。

② 刘田玉：《诉之预备合并的比较与借鉴》，《环球法律评论》2004年第2期。

在预备合并之诉中，主位请求的判决结果是诉讼内的事实，备位请求则以主位请求是否有理由为条件，随着诉讼的进展，该事实终究会被确定，因此不致使备位请求的法律效果长久处于未定状态，不应被禁止。其次，诉的客观预备合并并不必然造成被告不利的诉讼地位。因为可通过允许被告提起预备反诉的方式来平衡：被告提出驳回原告先位之诉的声明，可同时提出预备反诉，即若原告的先位之诉有理由，则请求法院确认备位之诉为无理由。因此，无论先位之诉是否有理由，法院都须对备位之诉进行裁判，被告对备位之诉为判决的期待利益即得以维护。

在预备合并的实践被广泛接受后，实务界和学界有关主位请求与备位请求之间关系的限定条件也逐步宽松，不再以存在相互排斥关系为必要条件①，因此诉的客观预备合并类型比较丰富，成为当事人常用的诉讼选择。预备合并大致可分为三种类型。② 第一种类型，主位请求有无理由与备位请求有无理由在实体法上具有依存关系的诉的客观预备合并。此种依赖关系有两种表现。一是固有的预备合并，是指主位请求与备位请求之间具有相互排斥关系，即如果主位请求有理由，则备位请求为无理由且无须审理；若主位请求为无理由，则备位请求可能有理由且法院应对备位请求进行裁判，例如一并提出履行合同义务的主请求与合同无效而返还不当得利的备位请求。二是非固有的预备合并，是指先位之诉的成立是备位之诉成立的前提，即只有当

---

① 1932年德国帝国法院对主位请求和备位请求无互斥关系的预备合并作出了判决，允许当事人就并无互相排斥关系的多数请求，利用预备合并之诉提起诉讼主张。此后，这一做法在实务中延续下来。

② 陈荣宗：《民事诉讼之起诉：预备合并之诉》，载杨建华主编《民事诉讼法论文选辑》（下），台湾台南图书出版公司，1984，第535页。

先位之诉有理由时,备位请求才可能有理由并须进行裁判;若主位请求无理由时,法院则不必就备位请求进行裁判,比如原告请求确认标的物的权属,同时提出被告归还该物的备位请求。固有的预备合并是最典型的预备合并类型,非固有的预备合并在被本书归入"重叠合并"。第二种类型,主位请求与备位请求在实体法上无依存关系,但当事人基于同一目的或者两诉在事实上有联系而提出的诉的客观预备合并。例如,原告起诉请求判令被告支付投资款及分红,如遭无理由判决时,则请求判令被告归还借款及利息。在这里,支付投资款和归还借款两请求之间在实体法上并不存在依赖关系,即备位请求有理由与否并不依赖于主位请求有理由与否,但原告基于获取一定数额的金钱目的而提起预备合并之诉。第三种类型,主位请求与备位请求之间无实体法上的依存关系或一定的事实关系,仅以原告的自由意愿而为预备合并。① 不以主位请求与备位请求存在互斥关系为必要条件,体现了对当事人处分权和选择权的尊重,符合当事人主义诉讼模式的要求。

2. 要求请求之互斥性的日本预备合并制度

《日本民事诉讼法》第 136 条规定了诉讼客观合并,即"数请求若能以同种诉讼程序予以审判,则可提起一个诉"②。第 144 条关于诉的追加也可能构成客观合并,但立法未说明客观合并的类型。日本司法实务中有关诉讼标的之主流观点是实体法说,新堂幸司据此归纳出三种客观合并形态:一是很少争议的单纯合并;二是解决请求权竞合

---

① 张永泉:《民事之诉合并研究》,北京大学出版社,2009,第 31 页;肖林华:《程序效益视角下客观预备之诉合并的制度设计》,《法律适用》2016 年第 3 期。
② 日本立法上以"请求"表示学理上的诉讼标的,该 136 条规定之合并指的是诉讼标的之合并。

困境的选择合并；三是要求主请求与备位请求有互斥关系的预备合并，学者兼子一、雉本朗、野间繁等都坚持互斥性这一要件。

日本裁判所以诉的客观预备合并具有提高诉讼效率和避免矛盾裁判等积极意义，直接肯定这一制度的合法性，且一般明确要求两诉之间存在互斥性。第二次世界大战以后，因受到德国司法实践经验和日本学界有关诉的选择合并理论的影响，法院对该制度适用前提的要求出现了分化：一部分法院仍然坚持以两诉之间存在互斥性为客观预备合并的前提，而另一部分法院则不再坚持。在请求权竞合发生时，允许当事人在选择合并和预备合并之间进行选择适用。因为在请求权竞合的情形，各请求权之间虽无互相排斥的关系，但原告在起诉时通常会提出请求审理的顺序；即便请求法院任意地进行审理，法院也可能释明原告对请求权的审理排序，如此一来就形成了预备性合并。此外，还有将物的交付请求与代偿请求之合并理解为预备合并的观点。[①]预备合并的范畴由此大大扩张。

3. 普通法系国家预备合并制度——接受矛盾的主张或要求

普通法系国家的民事诉讼注重当事人之间争议的一次性解决，因而在预备合并之诉的法律程序方面要求宽松。但这种宽松也不是自始有之。以美国为例，在普通法上，当事人基于假定提出不一致诉辩或提出选择性诉辩会因违反禁止背离原则[②]（variance）而不被允许。但这种刻板的诉讼形式主义看似合乎逻辑，事实上有时会给原告带来实质不公平。当起诉时案件事实尚不清楚，或者案件事实清楚但在适用

[①] 参见〔日〕新堂幸司《新民事诉讼法》，林剑锋译，法律出版社，2008，第520~521页；李磊《客观预备合并之诉研究》，博士学位论文，西南政法大学，2014，第46~47页。

[②] 禁止背离原则要求请求与证据必相契合，否则当事人可能承受败诉的风险。

法律上存在多种理解时，如禁止原告提出选择性诉讼请求，原告只能另行提出不一致的诉讼请求进行救济。在诉讼效率本来就比较低下的美国民事诉讼中，这种做法逐渐与日益高涨的提高效率与公正的诉讼需求格格不入。最终，美国《联邦民事诉讼规则》出于提高诉讼效率、扩大争议解决的考虑，在第8条（e）款（2）项，允许当事人选择性地（alternatively）或假设性地（hypothetically）在一个或多个诉因（court）或答辩中，提出两项或更多的诉求或抗辩，只要权利主张系善意（good faith）提出的，基于假定所作出的、选择性的或者相互不一致的权利主张均可获得准许。允许当事人将基于不同诉讼理由提出的相互矛盾的选择性诉讼请求合并于同一诉讼之中，此选择性合并包括需要排列审理次序的预备合并之诉，它符合诉讼效益原则，又能赋予权利救济以灵活性。例如，在合同纠纷的诉讼中，允许原告同时提出解除合同和履行合同的诉讼请求。① 甚至许可原告对不同的被告提出相互矛盾的主张和请求。主观预备合并和客观预备合并因其有助于相关纠纷的一次性解决，得到联邦法院的普遍支持。

在著名的麦考米克诉康普曼案（McCormick v. Kopmann）中，原告的丈夫路易斯（Louis）驾驶的客车与被告康普曼（Kopmann）驾驶的轿车相撞，导致路易斯死亡。原告以配偶的身份分别向被告康普曼及路易斯发生车祸前光顾的那家酒吧的老板哈斯（Hasse）提起两项诉讼。一是以康普曼驾驶的轿车违反交通规则横跨马路中心线导致车祸、主观上存在过失为由，要求康普曼赔偿。二是作为第一项请求的备位请求，以哈斯将含有酒精的饮品出售给路易斯，使其醉酒并且

---

① 〔美〕理查德·D. 弗里尔：《美国民事诉讼法》，张利民等译，商务印书馆，2013，第395页。

因此与康普曼的轿车相撞为由,请求酒吧老板哈斯给予赔偿。虽然原告的两项主张存在矛盾,但是美国伊利诺伊上诉法院的法官认为:"矛盾的主张不能同时得到满足并不意味着不能将此作为事实主张进行答辩。如果原告有权利获得赔偿,则在审理中,凭证据来决定原告能依据哪一项事实获得救济。"① 也就是说,原告由于事实的不确定或者证据上的缺失,向法院提出两个或两个以上的相互矛盾的主张,法院不能拒绝审理或判其败诉,而应根据案件的证据状况对其提出的各项请求作出或支持或驳回的判决。这一理由在所有法域的法律论证中均能有效成立。

第二节 预备合并之诉的中国实践

一 预备合并之诉的合法性研究

我国《民事诉讼法》第143条规定涉及诉讼客观合并,但"原告增加诉讼请求"是否容许提出预备合并,并无当然结论,需要借助有关诉讼标的学说解读。当学理和实务中依法律关系说理解诉讼标的,而诉讼请求是建立在诉讼标的基础上的具体权益请求,则"原告增加诉讼请求"就包含在同一个诉讼标的基础上增加诉讼请求和增加新的诉讼标的并提出相应的诉讼请求。② 此外,有的学者认为《民诉法解释》第221条有关"基于同一事实发生的纠纷,当事人分别向同一人

---

① 汤维建:《美国民事司法制度与民事上诉程序》,中国法制出版社,2001,第303页。
② 《民诉法解释》第326条之"在第二审程序中,原审原告增加独立的诉讼请求"可解读为增加新的诉讼标的并提出相应的诉讼请求。

民法院起诉的,人民法院可以合并审理"的规定,也是我国确立诉讼客观合并的依据。① 事实上,该条所涵盖的复杂情形与本书所讨论的狭义的诉讼客观合并在事实和当事人方面只存在交叉关系,因为狭义的诉讼客观合并限于同一原告对同一被告提出的诉,在客观方面又不限于"基于同一事实"的合并。而从《民诉法解释》第221条的文义和一次解决纠纷的法目的看,其涵盖的诉讼合并不限于同一原告对同一被告提出的诉,但客观方面又要求是"基于同一事实"。一是起诉的当事人更广泛:包含原告分别提出不同的事实主张或诉讼请求、原告和被告甚至有独立请求权的第三人分别起诉等情形。二是最高人民法院认为"基于同一事实"发生的各诉讼所依据的事实关系或法律关系是有牵连的,具有一致性或重叠性。这种牵连类型广泛,包括各诉求指向同一法律关系或基于同一事实而产生多个法律关系的、各诉之间的法律关系存在主从关系的、各诉之间当事人存在不真正连带债务等情形。② 在立法上难以清晰区分诉讼标的与案件事实的情形下,对第221条可以作出多种法律解释,虽难与客观合并之诉直接对应,但至少二者之间有一定交叉重叠的内容,即同一原告对同一被告基于同一生活事实或规范事实提出的多重诉讼请求,可以合并审理。

另有地方司法文件规范了预备合并的要件或受理要求,即承认学理上的预备合并之诉在实践中的容许性。例如上海市高级人民法院发布的《关于审理涉及债权转让纠纷案件若干问题的解答》第2条③涉

---

① 王晓玲:《客观预备合并之诉的本土构建》,《西华师范大学学报》(哲学社会科学版)2018年第1期。

② 最高人民法院修改后民事诉讼法贯彻实施工作领导小组编著《最高人民法院民事诉讼法司法解释理解与适用》,人民法院出版社,2015,第575~576页。

③ "债权受让人以债务人为被告提起诉讼,要求债务人履行债务,债权让与人作为第三人参加诉讼的,在债权受让人对债务人的诉请不能成立的情形下,(转下页注)

及了"预备诉讼"的定义,还以造成案件审理的不便为由否定预备诉讼被告与主位诉讼被告不一致情形下提出的预备诉讼,可见该院允许的"预备诉讼"是指客观的预备合并。该院研究室还在2020年4月发布专篇对预备合并之诉进行讨论,并提出如下司法建议:第一,明确预备合并之诉合法,强化法官释明工作;第二,鼓励适用预备性合并之诉,完善相关审判流程。再如,重庆市高级人民法院发布的《关于当前民事审判若干法律问题的指导意见》第52条①提出补充性(备位性)诉讼请求概念和审理要求;《长沙市中级人民法院关于房地产案件审理中有关疑难问题的解答(一)》第5条②也做了类似规定。北京市高级人民法院知识产权庭在《当前知识产权审判中需要注

(接上页注②)债权受让人能否变更诉请,直接要求债权让与人承担民事责任或在诉讼中提起预备诉讼主张?鉴于债权受让人对债务人提起的诉请是基于债权受让人与债务人之间的法律关系,与债权转让关系不属于同一法律关系,且债权转让人仅处于诉讼第三人地位,故债权受让人不能在诉讼中直接变更诉请,要求债权让与人承担民事责任,应通过另行起诉解决。在此种情形下也不宜由债权受让人对债权让与人提起预备诉讼。预备诉讼是在同一诉讼中,同一原告针对同一被告在主要诉讼请求得不到满足时的备位诉讼请求。如果预备诉讼的被告与主要诉讼的被告非同一对象,将导致当事人诉讼地位、诉讼请求及争点、审理范围等发生较大变化,将会给案件审理带来诸多不便。因此,在债权受让人起诉债务人履行债务的纠纷案件中,不应准许债权受让人将债权让与人列为预备诉讼的被告提起备位诉讼。"

① "关于补充性诉讼请求的处理。补充性诉讼请求,又称预备性诉讼请求,是指当事人提出两个或两个以上的诉讼请求,为了防止第一位的主要请求不被承认,事先就提出如果第一位的主要请求不被承认就要求审理第二位次要请求,如果第一位的主要请求被承认就不用审理第二位次要请求的情形。人民法院应当允许当事人提出补充性诉讼请求,在未评议确定第一个请求能否支持前,对当事人的多个请求均应予以审理。诉讼中不必要求原告必须选择一个请求提交法院审判,但判决必须确定具体。"

② "补充性诉讼请求,又称预备性诉讼请求,是指……我们倾向认为,人民法院应当允许当事人提出补充性诉讼请求,在未评议确定第一个请求能否支持前,对当事人的多个请求均应予以审理。"

意的若干法律问题》中也明确指出:"基于同一被诉侵权行为的多个案由并存的取舍,实际上是客观的诉的合并的情形,包括单纯的诉的合并、竞合的诉的合并、预备的诉的合并以及选择的诉的合并。当事人提起多个案由的,应当尊重当事人的处分权,包括请求的范围、内容和顺序。"这些地方司法文件强调了客观预备合并的顺序性和条件性,显然是受到客观预备合并理论的影响。

以上立法、司法解释和地方司法文件,容许客观预备合并之诉的提出和审判。随着理论研究的深入和当事人诉讼实践的增多,客观预备合并已经在我国生成和发展起来。

二 法院对预备合并之诉的回应

实践中,常有败诉的原告为挽回损失以另一诉讼标的或诉讼请求再次起诉,更换攻击方法以实现当初的诉讼目的。例如原告由于缺乏有关借贷合意的证据而败诉之后,又起诉被告返还不当得利。再如原告起诉要求被告履行合同而被告抗辩合同无效,法院以合同无效为由判决驳回诉讼请求的,原告再起诉请求确认合同无效,并返还之前交付的钱、物。又如原告诉请返还某物,待法庭辩论终结后才知原物已灭失,只能撤诉重新起诉被告支付损失赔偿金或为其他替代给付。一起纠纷数起诉讼,耗时数年,当事人疲惫不堪、费财费力,还可能因诉讼时效等原因无法有效实现权利;法院则可能在前后诉中分别认定相互矛盾的事实,司法权威受到损害。

亦有当事人及其律师在诉前基于证据情况或法律适用可能性,考虑到各种诉讼方案,并在诉状中提出表面上互相矛盾的诉讼请求,请求法院全面审查、判断,意图在一个诉讼程序中彻底解决纠纷。但由于我国立法有关诉讼合并的规则并不具体且预备合并的理论研究尚未完善，法院对此类做法的回应并不相同。经检索"预备合并""预备诉讼""顺位诉讼""预备性请求""补充性请求"等关键词，截至2023年8月，在中国裁判文书网可查询到的实际涉及本书所指意义的客观预备合并之诉的裁判文书不足百篇，以合同类纠纷居多。法院对当事人提出客观预备合并之诉的态度呈两极分化之势：有的明确否定其合法性；有的则明示或默认其合法性甚至对预备的各种类型持宽容态度。[①]

1. 否定预备合并之诉的合法性

法院否定预备合并之诉合法性的理由大致有二。一是认为不符合《民事诉讼法》第122条所要求的起诉应"有具体的诉讼请求"，例如王某与杨某房屋租赁合同纠纷一案中，原告提出两项诉讼请求：其一，撤销涉案合同；其二，如不能撤销，则解除涉案合同。一、二审法院均以合同撤销与解除所依据的法律条文及其产生的法律后果不同，认定原告所主张的诉讼请求不具体、不明确，其起诉不符合法定的起诉条件。[②]

二是以我国现行法律没有规定诉的客观预备合并为由否定该制度的合法性，例如青岛啤酒集团与刘某等房屋买卖合同纠纷一案的原告提出两项诉讼请求：请求确认案涉合同无效；若法院认定该合同有效，则请求解除该合同。法官以我国现行法律没有规定诉的客观预备

[①] 熊利：《诉的客观预备合并研究》，硕士学位论文，中国社会科学院大学，2022，第20~23页。

[②] 参见（2021）豫16民终6253号民事裁定书，类似案例可见参见（2016）最高法民终416号民事判决书、（2021）京03民终19833号民事裁定书。

合并，驳回起诉。① 在孙某与赤峰天启装饰公司、宋某劳动争议一案中，二审法院则在裁判文书中明确表示诉的客观预备合并仅为学理上的概念，否定其在民事司法实践中具有合法性。②

以上否定预备合并合法性的裁判并不因学理上预备合并之诉的价值而接受其诉讼可行性，将同时提出并要求顺序审理的矛盾的诉讼请求牵强地解释为违反了"诉讼请求明确"的要求，这其实是一种消极司法行为。

2. 承认预备合并之诉的合法性

有的法院考虑到一次性解决纠纷、减少讼累的意义，容许当事人提出相互矛盾的诉讼请求。比如在谭某与梁某房屋买卖合同纠纷一案中，原告提出要求被告协助办理涉案房产过户登记手续的先位之诉；如不能获支持，则要求被告返还购房款，并支付房款差价和装修损失的备位之诉，法院受理了该案并支持了先位之诉的诉讼请求。③ 该院虽未明确援引"预备诉讼""预备合并"等概念，但实际审理遵循了预备合并之诉的要求。

2019 年可谓确定客观预备合并合法性的分水岭，最高人民法院在袁某与利达公司合伙协议纠纷案再审程序中，对诉的客观预备合并理论进行论证，认为原告提出的要求确认股东身份和股份的诉讼请求与若前述诉讼请求不成立，则请求判令被告支付股权转让款及利息的诉讼请求不违反我国民事诉讼法、符合起诉的要求，其充分肯定了诉的客观预备合并的合法性和价值。④ 此后，当事人提起预备合并之诉

---

① 参见（2021）鲁 0203 民初 1196 号民事裁定书。
② 参见（2019）内 04 民终 5791 号民事判决书。
③ 参见（2010）沙法民初字第 1984 号民事判决书，类似案例可参见（2011）渝一中法民终字第 355 号民事判决书、（2016）内 01 民终 874 号民事判决书。
④ 参见（2019）最高法民申 1016 号民事裁定书，类似案例可参见（2019）最高法民再 152 号民事裁定书。

和各地法院受理、审判这类诉讼的积极性、活跃性大为提高。如亿立方公司与数电星传公司特许经营合同纠纷一案的审理法院认为，原告提出撤销涉案合同和确认该涉案合同已解除的诉讼请求，构成了诉的客观预备合并，不违反我国民诉法相关规定。① 而梁某与上海宝龙物业杭州分公司合同纠纷一案的审理法院对原告提出的撤销涉案委托协议和如果不能撤销则要求继续履行涉案委托协议的诉讼请求依次进行了审理。② 还有法院指出预备合并之诉的优势：使原告通过一次诉讼，穷尽追求自己可能得到利益的路径；符合诉讼便利和经济的原则，有利于当事人争议裁判的协调统一。③

早在《九民会议纪要》第 36、45、49 条等主张法官行使释明权，促使当事人变更或增加诉讼请求、提出抗辩，以求一次性解决纠纷的规定出台前，已有法院为了一次性有效地解决纠纷，在合同/行为有无效之虞时，主动进行阐明，促使当事人提出预备合并之诉（而不是变更诉讼请求或者另行起诉）。例如某建设工程施工合同纠纷一案中，原告在诉状中列明诉讼请求：判令被告支付剩余工程款，并支付逾期付款违约金。经法院阐明后，原告提出预备诉讼请求（备位之诉）：如法院认定涉案合同无效，则要求被告另支付剩余工程款及利息。最终，涉案合同因原告作为个人不具备建设工程施工资质而无效，法院判决被告支付剩余工程款及相应利息。④ 这无疑符合"将民事诉讼程序的公正性作为贯穿始终的主线，切实保障当事人的诉讼权利和提高

---

① 参见（2019）京 0108 民初 14446 号民事判决书。
② 参见（2020）浙 0191 民初 1367 号民事判决书。
③ 参见（2020）鄂 0506 民初 690 号民事判决书、（2020）京 73 民终 3358 号民事判决书。
④ 参见（2009）浦民一（民）初字第 28195 号民事判决书。

诉讼效率"① 的现代民事司法理念。为了尽可能一次解决纠纷，法官对诉讼标的和诉讼请求的变更与增加进行阐明，起到了很好的效果。

可以预见，接受和鼓励预备合并之诉的法院会越来越多，预备合并的优点包括保障原告实体权利正当实现、降低诉讼成本、促进裁判统一；还可遏制不诚信行为②，防止当事人为了胜诉就同一生活事实在后诉提出与前诉矛盾的主张。

三 适用预备合并的案件类型

从建构精简又完善的客观诉讼合并体系角度，应坚持（狭义的/典型的）预备合并的请求之间的互斥性。互斥性从逻辑上决定了请求与审判的顺位性和条件性，后两者便于在处分主义与诉讼效率之间取得平衡：审判的顺位性尊重了当事人的选择、不违背诉讼请求明确的要求；条件性则不会导致程序的多余和重复。根据互斥性是基于法律效果还是构成要件，预备合并可分为两种类型。

1. 基于同一规范事实所产生的不同法律上效果的预备合并

如果原告主张某一法律事实，而这一事实可产生各种不同的法律效果的，虽然一个请求权得以满足即可实现权益、达成诉讼目的，但起诉时还不确定提出哪个更佳或者哪个能够实现，就可以以这些不同的效果提起备位请求的诉讼合并。比如原告针对被告违约可提出继续

---

① 杜万华等：《最高人民法院适用〈民事诉讼法〉司法解释新闻发布会实录》，载中国法院网，https://www.chinacourt.org/article/detail/2015/02/id/1546039.shtml，最后访问时间：2024年3月30日。

② 贺荣主编《尊重司法规律与刑事法律适用研究》，人民法院出版社，2016，第600~602页。

履行或解除合同等要求，在诉讼中权利如何实现需要当事人基于意愿排列请求顺序，以预备合并程序解决最为适宜。这是典型的请求权"选择性竞合"（择一竞合），即就两个以上的请求权（请求权和形成权），当事人得选择其一行使之，只要一个请求权成立，即不得再主张其他的请求权。选择竞合的请求权之间并不存在诉讼标的合并，只存在权利实现方式的排斥性选择关系。①

选择性竞合下多个可供选择的请求权源于同一法律关系（各请求权的构成要件也相同），在诉讼中只成立一个诉讼标的。比如出卖人故意不告知物的瑕疵者，买受人得请求减少价金、解除契约，或请求债务不履行之损害赔偿。此种情形下，互斥的是权利实现方式，而非请求权的法律构成要件。

可被预备合并的互斥的权利实现方式可以是法定的，也可以是约定的。比如在欣瑞信息科技公司与天籁之梦公司买卖合同纠纷一案，二审法院根据涉案合同约定"买方无故解除合同的，应当赔偿卖方货款总额20%的违约金"，识别出原告提出的"继续履行"与"支付违约金"这两项诉讼请求不能并存，并对两项诉讼请求按预备合并依次进行了审理。② 又如曹某与曹某某离婚后财产纠纷一案中，原告起诉时请求法院判令被告现时一次性支付全部欠款人民币30万元；如法院不能支持前述诉讼请求，则请求法院判决被告于离婚协议约定的时间还款。法院援引诉的客观预备合并的理论进行说理，认为现时一并支付未到期欠款20万元和于离婚协议所明确的日期分别支付10万元相互排斥（不能既要求被告提前给付又要求被告将来给付），为防止

---

① 对请求权的选择性合并也可以适用对诉讼请求不排序的选择合并，见本书第四章第三节"选择合并"。

② 参见（2014）浙湖商终字第185号民事判决书。

原告分别提起提前给付之诉和将来给付之诉，诉的客观预备合并可运用于此案。① 可见，该院承认客观预备合并的互斥性、顺序性，并从预防多重诉讼、一次解纠的目标，认可预备合并的价值。

2. 基于互斥的规范事实主张提出的预备合并

原告在诉讼中请求若主位规范事实主张不成立，则审理备位规范事实主张。有关主张反映了对案件事实构成何种法律关系的不同认知，而不同法律关系之间的构成要件是互斥的。

一是原告主张的规范事实之间互斥，法律效果也不同。实务中时常会遇到原告起诉时基于行为有效与无效两个相互排斥的规范事实，提出相应的诉讼请求，如果基于一个规范事实满足其中一个请求，就须否定另一个请求。例如在申鑫建材公司与江苏银行徐州城南支行房屋买卖合同纠纷一案，原告请求：确认原告与被告之间的涉案合同无效；若上述合同有效，则请求法院判决解除该合同，这两项诉请之间即构成预备合并。② 又如，在股东会决议无效之诉中，原告以公司股东会决议增资扩股违反公司法规定为由，主张股东会决议应无效，同时又请求法院判决其有权认购股东会决议增资的新股。如果原告主张股东会决议无效的观点成立，其请求认购新股的主张即不成立，两个诉讼请求相互排斥。再如在城光公司与橙动卓越公司房屋租赁合同纠纷案中，原告提出解除涉案合同并（按照 A 计算标准或者 B 计算标准）支付房屋占有使用费。法院认为，合同约定按照 A 标准计算房屋使用费的前提为涉案合同的租期届满，而涉案合同效力终止是因原告单方解除合同所致，故不予适用 A 标准；关于原告提出的，如其主

---

① 参见（2008）吴民一初字第 454 号民事判决书。
② 参见（2017）苏 0312 民初 5778 号民事判决书。

张的 A 标准未获法院支持，则仍按照 B 标准计算的诉讼请求，该诉讼行为属于诉的预备合并，并不违反民事诉讼程序。①

二是原告主张的规范事实之间互斥，但法律效果相同或相似。典型的是补充型请求权关系，由于这类请求权的构成要件矛盾、不能同时成立，若一个请求权成立则另一个请求权不能成立，适用需要安排审理次序的预备合并最为合理、经济。例如在赵某与王某民间借贷纠纷一案，原告提出两项诉讼请求：（1）请求依法确认原告与被告签订的《车库抵偿协议》有效，并按《车库抵偿协议》约定内容将该库抵偿给原告；（2）判令被告立即偿还原告借款及利息。审理法官认为该案件存在涉案协议效力确认关系和民间借贷关系，二者不能同时成立，上述诉讼请求是相互排斥的，构成民诉理论上的诉的客观预备合并。② 本案原告不确定双方之间的法律关系性质，于是预备性地提出两个互相排斥的规范事实主张，但要求实现的法律效果接近。再如，原告提起返还借款的诉，同时因对法律关系把握不准或担心证据不足以认定借贷法律关系，备位提出不当得利返还之诉，这种合并在兼顾权利保护和诉讼经济方面效果最佳。若原告提出的主位请求有理由，法院则就备位请求不必判决。反之，当事人无法证明借贷关系，即主位请求无理由，法院应就备位请求进行审判，审查被告收受系争款项是否无法律上原因，其获得利益而致原告遭受损害，并（就主位请求、备位请求均）作出判决。

以预备合并处理互斥性请求权的审判，制度优势非常明显。一方面，对原告来说，由于有关请求权不得并存，在提出主位请求同时提

---

① 参见（2018）沪 0117 民初 10581 号民事判决书。
② 参见（2020）鄂 0506 民初 690 号民事判决书，类似案型的裁判见（2023）沪 01 民终 3567 号民事判决书。

出备位请求，可以避免在一个请求权败诉后再提起另一个请求权而造成的低效率甚至可能构成重复诉讼之危险；且在备位之诉有短期时效或除斥期间时先行合并起来，有中断时效与遵守除斥期间的效果。尤其在"原告自己对事实不明，或因顾虑举证上之困难，或因法律上之见解不一"[①]的情形最为有益，便于灵活举证和获得胜诉。另一方面，对法院而言，允许在一个诉讼程序中附条件地提起此类诉讼合并和依次审理，既不违背实体法对请求权构成判断的同一性，也有诉讼经济和防止矛盾裁判的作用。

第三节　预备合并之诉的审判

一　一审法院的审判

诉的客观预备合并在一审程序中最具争议的问题有二：一是法院对先位之诉、备位之诉是否均应审理；二是在先位之诉有理由时，法院应如何处理备位之诉。

（一）对备位之诉的审理——有条件地依序审理还是一并审理

关于法院对先位之诉、备位之诉是否均应审理的问题，有两种相反的观点。肯定说认为，当事人提起诉的客观预备合并，先位之诉与备位之诉均发生起诉的效力，法院应当一并审理，且所附条件仅针对的是裁判，而不是审理。否定说认为，应当依条件分别审理，即法官应当先对先位之诉进行审理，在先位之诉确定无理由时，才对备位之

---

① 杨建华：《民事诉讼法要论》，郑杰夫增订，北京大学出版社，2013，第217页。

诉进行审理。理由是：从当事人的意图来看，其首先想要实现先位之诉的权利，当主位请求得到满足，备位之诉就失去了审理的意义；从该制度的内涵来看，二者不应一并审理，如果不做主次区分，案件审理阶段开始就一并审理与一般的诉的合并审理程序并无二致，诉的客观预备合并的特征无从体现。①

从预备合并的条件性特征看，否定说似乎有理。因为预备合并之诉的主位请求和备位请求有先后顺位差别，备位请求是对主位请求的预备补救。只有主位请求被判决无理由时，才有必要审理备位请求，否则耗费精力实属徒劳。这种制度上的设计既是当事人处分权主义的体现，也是两诉讼之互斥性决定的——两个诉不可能同时有理由，既然法院认为一个诉有理由，自然无须再审理另一个。但是，这样有条件地依序处理并不真正符合原告的请求，而且也面临现实困难。一方面，原告依序提出主位请求和备位请求，只是表明其最希望判决支持主位请求的愿望，并未限制对备位请求进行审理。换言之，主位请求无理由只是备位请求判决的条件，不是备位请求审理的条件。预备合并之诉"仅对于备位请求可否为判决一事附以主位请求不合法或无理由之停止条件而已。所以法院于条件成就未定之际，不得就备位请求为判决，非谓不得就备位请求为审判也"②。并且，如被告就备位请求提起反诉，法院受理后也应与备位请求一并审理和判决。另一方面，若有条件地依序审理两个诉讼请求，则在审理了主位请求并评议认为无理由时，需要再次开庭审理备位请求，这就相当于法院还未宣

---

① 张永泉：《诉的客观合并》，北京大学出版社，2009，第34页。
② 陈荣宗：《民事诉讼之起诉：预备合并之诉》，载杨建华主编《民事诉讼法论文选辑（下）》，台湾五南图书出版公司，1984，第527页。转引自张永泉《诉的客观合并》，北京大学出版社，2009，第37页。

示裁判，已经告知当事人先位之诉的裁判结果。若为避免这种情况，先就先位之诉作出一部终局判决，而当事人可据此独立上诉，则备位之诉仍然系属于一审法院；若等到先位之诉获终审判决后，一审法院才对备位之诉进行审理，此时已经丧失了诉的客观预备合并的诉讼经济效益，在实务处理上存在困难。可见，一审法院应对主位请求和备位请求同时进行实体审理，要求当事人一并提出证据和进行辩论。

（二）主位请求有理由时，对备位请求的处理

在主位请求获得有理由的裁判时，对备位请求如何处理，学界主要有四种观点：一是应当视为判决驳回备位请求；二是必须同时判决驳回备位请求；三是视为原告撤回备位请求；四是备位请求效力待定。① 这些观点是从不同视角看待这一问题的结果，都有其合理性，又备受质疑。第一种观点和第二种观点的认识不符合原告备位请求的目的，依原告本意，在主位请求得到支持时，就不要求法院对备位请求进行判决了，法院对备位请求（视为）判决驳回备位请求违反处分权主义。第三种观点主张视为原告撤回备位请求，这种处理并不符合撤诉的条件；而且一旦发生撤诉的法律效果，在二审认为一审判决无理由时，由于备位之诉已被撤销，原告的实体权利将受损害，这并不符合原告提起备位之诉的目的。第四种观点最为合理，因为主位请求得到一审判决支持后，被告可能上诉，此时，还不能认为主位请求已获得终局胜诉判决。由于备位请求与主位请求之间存在条件关系，为了有效地实现原告提起预备合并之诉的目的，只有支持主位请求的判

---

① 陈荣宗：《民事诉讼之起诉：预备合并之诉》，载杨建华主编《民事诉讼法论文选辑（下）》，台湾五南图书出版公司，1984，第528~529页。转引自张永泉《诉的客观合并》，北京大学出版社，2009，第35页。

决生效后，才能发生备位请求解除审判的法律效果，此时备位之诉的诉讼系属才消灭。也就是说，主位请求得到一审判决支持的，备位请求的处理应取决于二审审理的结果。

一审法院在对主位请求和备位请求均予以审理之后，应当据情作出三种判决：①支持主位请求，对备位请求不进行裁判；②以主位请求无理由而备位请求有理，判决驳回主位请求、支持备位请求；③驳回全部诉讼请求。① 在我国法院实务中，这三类判决均有相应案例支持。②

二 二审法院的审判

在客观预备合并之诉的二审程序中，疑难的问题是对未被上诉的部分如何处理，是否发生移审效力，以及对一审中的两个诉讼如何审判。

（一）一审判决支持主位请求，被告上诉的

一审判决就主位请求作出胜诉判决。被告上诉的，若二审法院认为主位请求有理由，自当驳回上诉，维持原判决。但若二审法院认为主位请求无理由，可否就当事人未上诉的备位请求审理裁判？对此问

---

① 在我国的司法实务中，有判决对所有诉讼请求都进行回应，在支持主位请求时也判决驳回备位请求，这并不符合处分权主义。
② 在前述谭某与梁某房屋买卖合同纠纷一案中，法院支持了主位请求，但判决理由部分并未就备位之诉说理；在前述申鑫建材公司与江苏银行徐州城南支行房屋买卖合同纠纷一案中，法院以不具备合同无效的情形为由不支持确认无效的主位请求，以被告违约行为致使合同目的难以实现为由支持了解除合同的备位请求；在前述梁某与上海宝龙物业杭州分公司合同纠纷一案中，法院驳回了全部的诉讼请求（撤销协议和继续履行）并分别说明了理由。

题，日本和我国台湾地区学界和实务上大致有以下三种观点。①

1. 备位请求移审，且当然得裁判说。此说源自日本学者创设的"附随的一体性"理论，认为备位请求并非完全独立的个别请求，而是附随于主位请求成为一体性的存在。当被告对于一审作出的支持主位请求的判决上诉时，备位请求因"附随的一体性"而当然移审于第二审。由于主位请求与备位请求之间具有密切关联，两合并请求之事实也有共通之处，故备位请求事实上在第一审已经审理，因此二审法院就备位请求为审理判决，并不致使当事人丧失审级利益。我国台湾地区学者邱联恭认为应根据案件情况行使裁量权：如果主位请求和备位请求是互斥关系，则两诉关系密切，一审法院审理主位请求时，对备位请求的审级几乎没有妨碍，发回重审并无实益，二审法院可一并审判。② 台湾地区"最高法院"1976年第四次民事庭总会决议中，异于结论的甲说即持此种看法，认为"第一审认先位声明有理由，经为终局判决者，即属全部判决，经合法上诉时，该诉讼事件全部发生移审之效果，如认第一审判决为不当（即认先位声明无理由）者，可径对备位声明予以审判，无待原告之上诉"。该说在台湾地区"最高法院"1983年第八次民事庭总会决议作为结论获得最终支持。

2. 备位请求移审，但阐明后始得裁判说。我国台湾地区实务界出身的学者（如杨建华教授等）多采此见解，认为原告在一审所为之备位声明，虽未经一审裁判，固然应随同先位声明系属于第二审，但若一审原告即被上诉人在第二审未就备位之诉声明者，则审判长应依

---

① 刘明生：《诉之客观预备合并》，载林洲富等《诉之合并》，元照出版社，2016，第39~42页。

② 邱联恭：《口述民事诉讼法讲义（二）》笔记版，许士宦整理，台湾自版，2012，第234~235页。

《民事诉讼法》第 199 条规定行使阐明权，根据当事人是否为备位声明而依处分权主义决定是否就备位声明为裁判。这是台湾地区"最高法院"（1976 年）第四次民事庭总会决议中的结论所支持的观点，但之后并未成为实务中的主流观点。值得注意的是，台湾地区"最高法院"（2002）台上字第 201 号判决采取了这一见解，对于向当事人阐明后仍不为声明者，"应认其备位之诉之诉讼系属消灭"，如为备位之诉的声明者，"第二审法院应就两诉并予辩论，依一般诉之预备合并原则而为判决"。

3. 备位请求不移审与裁判说。德国目前通说及我国台湾地区越来越多学者主张，第一审法院既然未就备位声明并作出判决，自然没有对其不服与上诉可言；且二审法院既然应受"上诉请求拘束原则"限制，若准其就未判决事项于第二审为审理和判决，将与上诉制度意义不合，且损害当事人的审级利益。故一审判决支持主位请求，只有被告上诉的，备位之诉仍系属于第一审法院，不发生移审效力；而原告因对备位请求无附带上诉之利益，亦不得附带上诉。因此，若二审法院认为被告的上诉有理（主位请求无理由）时，应废弃原判，此时停留在第一审之备位请求停止条件成就，第一审始就备位请求部分开始审判。①

观点一和观点二均认为未被上诉的备位请求发生移审效力，违反了处分权主义，而观点一不要求当事人就一并裁判备位之诉达成合意，进而也损害了当事人的审级利益。唯有观点三最为合理，遵循了处分权主义。当一审判决支持主位请求，且对备位请求（虽然审理，但）未予裁判，备位请求的效力待定：只有支持主位请求的判决生效

---

① 陈荣宗、林庆苗：《民事诉讼法（下）》，三民书局，2005，第 690 页。

后，才能发生备位请求解除审判的法律效果，此时备位之诉的诉讼系属才消灭。若二审认为主位请求无理由，应征求当事人意见，当事人均同意的，二审可以直接审判备位之诉；当事人不能达成前述合意的，不得剥夺其审级利益，二审法院应撤销一审判决，要求一审法院就备位之诉进行审判。

（二）一审判决支持备位请求，当事人上诉的

一审法院认为主位请求无理由，而备位请求有理由时，双方当事人均有上诉可能，具体情形如下。

1. 不服一审判决未支持主位请求，仅原告提出上诉

二审法院审理后认为一审裁判正确，自当驳回上诉，维持原判。但若二审法院认为主位请求有理由、备位请求无理由或者主位请求和备位请求均无理由时，如何处理需要认真论证。

对于二审法院认为两诉均无理由的情形，基于前文论证结论之未上诉部分不发生移审效力的原则，以及上诉之不利益变更禁止原则，此时应将原告的上诉驳回，且不得就被告未声明不服的备位请求部分废弃一审判决，而改判将原告的备位请求亦驳回。

对于二审法院认为备位请求无理由、主位请求有理由的情形，即原告上诉有理由，在改判支持原告主位请求的同时，是否应将支持备位请求的一审判决一并撤销，以免形式上存在既支持主位请求又支持备位请求的矛盾裁判？学说上有两种观点：一是备位当然失效说，二是备位判决废弃说。前者有日本最高法院判例采用及日本、我国台湾部分学者支持，认为二审判决不应废弃对备位请求于原告有利、被告未上诉的支持备位请求的一审判决。但为避免发生执行冲突，第二审法院宜在主文中谕知"备位请求失效"，此谕知仅起提示作用，而非

废弃备位判决。① 后者认为原告虽仅就主位请求之判决不服，但由于先位之诉和备位之诉往往互相排斥、不能并存，原告的上诉当然含有对备位请求之判决不服、希望二审法院撤销一审判决、改判支持其主位请求之意。故为避免形成两个胜诉判决并存的矛盾现象，在只有原告上诉，而二审法院认为主位请求有理由时，二审法院应将包括支持备位请求的原判决全部废弃。笔者认为，一审判决支持备位请求是建立在对先位之诉和备位之诉均进行审理的程序基础上，在请求互斥的案件中，不支持主位请求才有可能支持备位请求，当一审原告不服判决未支持主位请求，就意味着对支持备位请求的判决不认同，备位之诉应发生移审效力。二审法院若认为备位请求无理由、主位请求有理由的，应将原判决全部废除，这既符合上诉人利益，又可彻底解决形式上存在矛盾裁判和执行争议的问题。

2. 不服一审判决支持备位请求，仅被告提出上诉

二审法院审理后认为一审裁判正确，自当驳回上诉，维持原判。只有被告上诉的，主位请求是否发生移审效力？这种情况下，被告的上诉利益与原告的上诉利益内涵明显不同。当原告不服一审判决支持备位请求时，真实意思包含对不支持主位请求的不服，所以主位请求应当移审。而只有被告对支持备位请求的一审判决不服，被告必然是认为原判驳回主位请求正确、支持备位请求无理由，要求驳回全部诉讼请求。在存在互斥关系的主位请求与备位请求之间，二者不可以都获支持，但是可以都不被支持，所以就被告的上诉利益而言，只上诉认为备位请求不应支持，并非认为应当支持主位请求，而是认可一审驳回主位请求的判决，因此，主位请求

---

① 陈荣宗、林庆苗：《民事诉讼法（下）》，三民书局，2005，第701页。

可以不发生移审效力。

不过，如此主观揣测当事人上诉的未尽之意，并区分只有原告上诉和只有被告上诉的情形以区别解读主位请求是否移审的问题，似乎有使二审处理复杂疑难化之嫌，故笔者认为实务中对只有被告对支持备位请求的判决提出上诉的，宜使对主位请求也发生移审效力。二审法院认为备位请求无理，而主位请求有理的，应公开心证，阐明当事人可以提出审理主位请求的声明。双方当事人明确提出不要求审理主位请求的，则二审法院不能审理和裁判主位请求；若双方当事人不能达成审理主位请求的合意，基于禁止不利益变更原则，二审法院只能废弃一审对备位请求的判决，而维持主位请求的判决。

3. 原告和被告都提出上诉

对于一审判决，原告就未支持主位请求提出上诉，被告就支持备位请求提出上诉的，主位请求和备位请求均在上诉审查范围内。二审法院经审理，认为原告上诉有理的，应撤销一审法院的判决，改判支持主位请求；若认为主位请求和备位请求均无理由，应改判撤销一审判决，改判驳回全部诉讼请求。

（三）一审判决驳回全部诉讼请求，原告上诉的

原告不服驳回全部诉讼请求的一审判决，提出的上诉依然是预备合并之诉。此时，上诉审查范围包括上诉的主位请求和备位请求，与一审法院的审判范围相同。二审法院认为主位请求有理由，应撤销一审全部判决，改判支持原告的主位请求；若认为备位请求有理由，应撤销一审驳回主位请求的判决，改判支持备位请求。

我国司法实务中对预备合并之诉的审判，还未经深入的理论研究形成合理的处理方案。在一审中，认为主位请求有理由的，不但判决支持主位请求，还同时判决驳回备位请求，违反了处分权主义。在二审中，不论哪一方当事人上诉，也不论当事人上诉理由为何，二审都对两个诉进行全面审查和裁判①，未考虑当事人的审级利益、上诉利益等问题。总之，由于我国预备合并之诉的理论研究尚有很多不足，实务中对预备合并之诉的态度还不尽开放、宽容，审判程序的规则还需加强研究和规范。

三 对预备合并之诉扩张理论的探讨

在以诉讼标的二分支说为主流观点的德国，诉讼标的并不考虑实体请求权（的互斥性），预备合并也就不要求先位之诉与备位之诉有排斥关系。在采诉讼标的旧实体法说的日本，近年来对客观预备合并之诉的要求亦有放宽的趋势，主要表现在法院对原本属于请求权竞合关系的两个诉，允许当事人选择适用选择合并之诉或预备合并之诉。

受德国、日本有关客观预备合并的理论研究成果、立法和司法实践经验的影响，我国台湾地区实务界及学界均承认预备合并的类型。学者们曾于1982年3月就诉的客观预备合并在实务上的相关问题进行了热烈讨论。② 本次讨论中，关于先位之诉与备位之诉是否以相互排斥为必要的问题，以杨建华、骆永家和陈计男为代表的大部分学者从诉讼经济的角度，并对反诉制度和共同诉讼制度进行类比论证，认为先位之诉与备位之诉必须有一定的联系，进而主张二者必须存在相互排斥关系；以陈荣宗和邱联恭为首的少数学者则持反对意见，认为

---

① 参见（2019）黑01民终1502号民事判决书、（2021）苏02民终5114号民事判决书。
② 民事诉讼法研究会主编《民事诉讼法之研讨（一）》，三民书局，1990，第175~210页。

强求原告提出的两个请求之间具有排斥关系于逻辑上说不通。① 因为诉的客观预备合并脱胎于诉的单纯合并，后者对其多个诉之间的关系并未做过多限制。目前，我国台湾地区实务和学界对先位之诉与备位之诉的关系限制均呈现放开趋势，认为客观合并之形态"不应限于学说理论及审判业务所承认之固定类型，其形态及内容应由原告斟酌实体利益及程序处分之意思以决定"②。重构的客观预备合并，其类型不限于不能并存之请求的合并，亦包括可为两立之请求的合并，后者"其诉讼构造类似于一般的预备合并之诉"、"合并既符合诉讼经济原则，又无违反处分权主义，应无限制之理"③。我国台湾地区"民事诉讼法"第248条关于多数诉讼标的或多数诉讼请求的合并、第255条关于诉的变更与追加的规定，与日本法有关客观合并的规定类似。2000年增修了第255条第1项2款、第446条第1项但书之规定，对请求之基础事实同一者，允为诉之变更、追加，不问一审或二审，为一次解决纠纷，放宽了诉之变更、追加、反诉的限制范围。各级法院也多次承认了扩张预备合并之诉范围的裁判，既容纳互斥的主张或请求的合并，也允许竞合型请求的合并。例如原告可以提出依照"民

---

① 陈宗荣认为，实体法上数请求有何种关系，这只是让原告于提起合并诉讼时使用他个人有诉讼合并的利益与方便之机会而已。如果原告不提起此种合并类型，仅就先诉讼起诉，败诉后回过头来再就预备合并部分起诉，应该也是可以的。参见范光群《论主观预备合并之诉在我国之发展》，载《民事诉讼法之探讨》，三民书局，2002，第67页。转引自李丽峰、浦欣《预备合并之诉若干问题研究》，《环球法律评论》2012年第3期。

② 刘明生：《诉之客观预备合并》，载林洲富等《诉之合并》，元照出版社，2016，第19~36页；许士宦：《诉之变更、追加与阐明》，《台大法学论丛》第32卷第3期。

③ 杨建华：《问题研析民事诉讼法（三）》，台北三民书局有限公司，1993。转引自李磊《客观预备合并之诉类型新解》，《商丘师范学院学报》2016年第2期。

法"第244条撤销土地赠与行为并请求涂销土地的移转登记；或者依照"民法"第87、113、242条等规定确认赠与关系不存在并请求涂销土地的移转登记，请求法院择一为判决。对请求权竞合，由于"认其中之一请求有理由时，就原告其余之请求即不必裁判，应依原告应受判决事项之声明为原告胜诉之记载，纵使法院确知其余请求为不合法或无理由，亦不必为驳回之裁判"；"若认其中一项请求为无理由，则仍须就他项标的请求加以审判"①，因而原告在对竞合型请求权起诉时若提出请求审理的顺序，就形成预备合并之诉。

诉的客观预备合并源于实践，囊括不能并存的预备合并与可以并存的预备合并，可以增容审判范围，简化客观诉讼合并类型。亦有学者认为，以预备合并解决请求权竞合的方案优于选择合并的方案，可以维持现有请求权体系，为请求权人提供更全面的保护。② 比如依据竞合型请求权起诉的原告，不必受制于务必选择一个请求权的困境，可以将二者同时提请法院预备合并加以审判。

但笔者认为，对于请求权竞合，以请求权竞合合并处理，且法院应对所有请求权依据均予以审理并在裁判中说明是否支持的理由，最符合请求权竞合的法理（因两请求权均可能成立，当事人有权援引有利的请求权，且不支持双重给付）。在有理由支持诉讼请求时，应在判决主文肯定给付要求，而在判决理由中说明各诉有无理由的意旨；在所有请求均无理由时才可作出败诉判决。③ 而预备合并之诉也应当

---

① 参见我国台湾地区"最高法院"（2006）台上字第2850号裁定、（2007）台上字第2836号判决等。
② 李磊：《请求权竞合解决新论——以客观预备合并之诉为解决路径》，《烟台大学学报》2016年第4期；王德新：《〈民法典〉中请求权竞合条款实施研究》，《法学杂志》2021年第5期。
③ 详见本书第六章"竞合合并"。

对主位请求和备位请求一并审理，且在全无理由时应作出驳回全部诉讼请求的败诉判决，但判决主请求或备位请求有理时，不须对备位请求或主请求进行裁判。且在二审审理程序上，对预备合并之诉须区别情况进行处理，程序之精密复杂非竞合合并可比。在保证客观诉讼合并制度完整、精简、便于利用的意义上，笔者认为，将预备合并的适用范围限于互斥性的请求之间为宜。但当事人坚持选择适用预备合并之诉解决请求权竞合的，亦应许可其处分。

再对比客观预备合并与选择合并，二者审判程序上最大区别在于审判内容是由法院任意选择还是依条件和顺序进行。基于前文论证，各国关于选择合并的可能案型有请求权竞合、选择之债和请求权的选择性竞合。① 但在请求权竞合和请求权选择性合并的情形下，选择合并被质疑欠缺"明确性"和造成法院选择的压力和不公；而对于罗森贝克所说的选择之债，法官须审理两项诉讼请求之后，由债务人选择给付，"选择"一语，与其说是择一审判，毋宁说是执行判决时债务人所拥有的选择权。如此，在通过竞合合并能更有效解决请求权竞合问题、通过预备合并也可以解决请求权的选择性竞合问题的情况下，选择之债勉强可以独立适用于选择合并之诉。从另一个角度考虑，也可以将选择之债的构成要件作为单一审理对象而非多个诉讼标的来理解，进而消解掉选择合并这一诉讼合并类型。

综上，客观预备合并最适于处理排斥性的诉讼标的（请求权）和请求权的选择性竞合问题，这恰恰与我国实务探索的类型相一致，真可谓实践出真知。虽然也可以扩张适用于请求权竞合的案型，但若依本书论证，能以竞合合并之诉有效解决请求权竞合的实体和诉讼难

---

① 详见本书第四章第三节"选择合并"。

题，预备合并只是锦上添花的备用方案而已。

第四节　未予预备合并时对后诉的审查

若当事人对相互排斥的要件事实没有以预备合并的形式提起诉讼，而是分成多次起诉，就需要考察后诉是否构成重复起诉、是否应当受理的问题。

根据诉讼标的旧实体法说，不同的请求权依据，可以构成不同的诉讼标的。而在补充型请求权之间，即当事人基于同一生活事实可能提出的构成要件相互矛盾的请求权之间，至多只能成立一个请求权。换言之，若以相互矛盾的要件事实主张先后提起诉讼，只有前一个要件事实不被判决确认，才可以提出另一个事实主张，此时，受理后诉才不违反既判力原则及诚信原则，可以认为当事人提出了不同的诉讼标的。这里仅以先后提起合同债务履行请求权与不当得利返还请求权为例，且讨论仅限于前诉判决确定后提起后诉的情形予以说明：一项给付不能既有合法根据又没有合法根据，只有合同债务履行请求权（或不当得利返还请求权）事实未被判决确认，当事人才可以主张不当得利返还请求权（或合同债务履行请求权）事实并提起新的诉。因此，在判断后诉是否构成重复起诉时，须对比当事人在后诉中的"主张事实"和前诉判决确认的案件事实是否同一，以确定是否构成重复起诉。

类型一：前诉主张的规范事实因未得到证明而未被判决确认的，当事人可以变更主张的事实、请求权再次起诉。

案例1　韩某诉吴某偿还借款一案中，因借款合意的证据不足，韩某撤回起诉。后韩某又以不当得利为由提起诉讼。在后诉中，韩某主张其向吴某转账系因第三人陆某的刻意安排，令其产生了与吴某形成借款关系的误解，故将争议款项打入吴某账户。经过审理，法院支持了韩某的诉讼请求。①

案例2　黄某诉陆某偿还借款一案中，因借款合意的证据不足而被驳回诉讼请求。后黄某又以不当得利起诉陆某。在后诉中，黄某主张其向陆某转款系因自己收到陆某打款的口头请求，令其产生了陆某向其借款的误解，故而进行了转账。法院认为后诉不构成重复起诉。②

需要注意的是，合同债务履行请求权与不当得利返还请求权的成立并不是非此即彼的关系，不能证明合同关系存在并不意味着给付就不具有法律上的原因。当事人须对自己的每次主张承担证明责任。上述案例2中，因为证据不足以证明"取得利益没有合法根据"，后诉依然因证据不足而遭遇诉讼请求被驳回的判决。因为，"不当得利作为一种独立的法律制度，具有严格的构成要件及适用范围，不能作为当事人在其他具体民事法律关系中缺少证据时的请求权基础"③。

---

①　参见（2014）沪一中民一终字第524号民事判决书。

②　参见（2014）穗中法民一终字第3632号民事判决书。

③　穆某与项某原系朋友关系，2006年5月至2007年12月期间，项某曾为穆某进行股票交易的操作。2007年4月、5月，穆某先后两次通过银行账户分别将5万元、20万元转账至项某名下。2008年12月，穆某以民间借贷纠纷诉请项某归还借款25万元，因证据不足被驳回诉讼请求。2009年12月，穆某再次以不当得利诉请项某返还不当得利款25万元。项某认为此款的性质为双方合作买卖股票的盈利，25万元是其应从中分得的部分。因穆某未能证明项某获得利益，没有合法根据，法院最终未支持穆某的诉讼请求。参见《民事审判指导与参考》2010年第3集［指导性案例］；类似案例亦可参见《江苏南通中院判决陆海公司诉宏海公司不当得利纠纷案》，载《人民法院报》2011年8月25日。

类型二：前诉判决未确认原告主张的事实，反而认为存在补充型请求权基础事实的，后诉可以另行提出补充型请求权之诉。

案例1　前诉提起不当得利之诉，法院审查后认为"可以确认双方之间存在委托合同等基础法律关系，非属不当得利"，驳回原告的诉讼请求。原告再次提起委托合同纠纷之诉，法院认为双方均在前诉认可存在委托关系，故原告根据前述生效判决以委托合同关系提起本案诉讼，不构成重复起诉。[①]

案例2　海南中天有限责任公司诉孙某合同纠纷一案，经裁判认定合同（承诺返还钱款的"协议书"）无效，驳回原告的诉讼请求。该公司又主张孙某获取钱款没有合法根据，提起不当得利返还之诉，原审法院认为二者案件事实、诉讼标的均相同，违反一事不再理，驳回起诉。审判监督程序中，最高人民法院认为两案诉讼标的不同，不构成《民诉法解释》247条规范的重复起诉。[②] 前案认定合同无效，后当事人以此为由主张对方获利没有合法根据是成立的。

类型三：前诉主张的事实得到裁判确认，但由于被告提出的积极抗辩成立而导致诉讼请求未获支持的，当事人又主张与前诉判决认定相矛盾的事实、请求权依据再起诉的，违反既判力及诚信原则。例如前诉借贷纠纷的还款诉请因被告提出有效的抵销抗辩或诉讼时效抗辩而被驳回，原告不得改变事实主张，再诉不当得利。若以《民事诉讼法解释》第247条的标准去判断，即便后诉之诉讼标的不同于前诉，

[①] 参见（2018）鲁01民终7079二审民事判决书。

[②] 参见（2015）民提字第50号民事判决书、（2017）最高法民申567号民事裁定书。

也会构成"后诉的诉讼请求实质上否定前诉裁判结果"。

类型四：前诉主张的事实得到裁判确认，法院也支持了原告的诉讼请求，该判决发生既判力。当事人不得改变事实主张、请求权依据再次起诉。例如，前诉原告要求被告返还借款，得到判决支持后，不得再起诉要求基于借贷合同无效而返还不当得利。除了与类型三相同的理由外，法律正义也不支持当事人因一个生活事实获得双重给付。

小　结

固有的（狭义的）预备合并的核心特征是互斥性，互斥性从逻辑上决定了请求与审判的顺位性和条件性，以此区别于其他客观合并类型。目前，德国、日本以及我国台湾地区都不再严格要求合并的请求的互斥性，这种发展趋势是客观预备合并之诉理论得到充分发展的产物，也迎合了司法资源有效利用的现实需求。但我国预备合并之诉的理论尚不完善，司法实务还未普遍接受预备合并之诉，当前最重要的是构建我国精简且完整的客观合并体系。为区分于其他类型的客观合并之诉，学理上仍应坚持预备合并的请求之间的互斥性，并尽快以司法解释、指导案例等方式承认客观预备合并之合法性，鼓励法官阐明，促进当事人合并诉讼，并规范相关审判程序。

第六章
竞合合并

依据旧实体法说,诉讼标的之单复数由实体请求权的数量决定,则在请求权竞合情形下,就同一给付目的可能发生多次诉讼,这种重复诉讼既耗费诉讼资源,也危害实体法价值。新诉讼标的说(诉讼法说)为扩大程序一次解决纠纷的范围,以诉的声明和案件事实作为诉讼标的个数的识别要素,但实现实体权利是诉讼法的重要目的,若纯粹从程序法上发展诉讼标的理论,终究有过度脱离实体法基础的弊病。新实体法说认识到需通过重构实体请求权理论的方式消弭请求权竞合与诉讼标的个数之间的矛盾,达到一次解决纷争的目的。这种思考方向是正确的,但也不圆满:虽然"基本能够解决由一个原因事实引起的诉讼标的之问题,但不能圆满解决由数个原因事实为相同之给付目的,产生数个请求权时,引起之数个诉讼标的之问题"[①]。为了促使纠纷一次解决,在实体法说下有诉的合并的必要,在诉讼法说下也存在诉讼理由合并的利益。促进请求权竞合的诉讼合并,是缓解争议、避免分歧的最优方案。

---

① 黄茂荣:《债之概念与债务契约》,厦门大学出版社,2014,第153页。

第一节　请求权竞合的实体法效果

根据德国学者赫尔维格提出并适用至今的关于请求权发生的"一个法律构成要件产生一个请求权"的学理，一套完整的请求权构成要件，产生一个请求权；不同的法律构成要件，产生不同的请求权。而所谓"竞合"一词，本意有"争执与合并"或者并存的意思，请求权竞合即民事主体对一个生活事实可能主张两个以上的请求权、发生了请求权之间争执与并存的情形。请求权竞合时，民法上的争论目的是解决请求权个数和法律适用问题，而民事诉讼法要解决诉讼标的个数和请求权如何实现。这些争论涉及实体法请求权体系的价值目标，也会引发民事司法中如何安排诉讼的次数和诉讼形态的问题，故必须为请求权竞合的解决寻找理论支持和诉讼通路。

一　请求权竞合的成因与实质

民法中的请求权体系应当符合法秩序的统一性和逻辑性，即立法者应考虑到有必要保护的请求权关系的所有方面，并构建一个尽量不多余、无遗漏、从一般到特殊的权益保护体系。在这种理想状态下，一种生活事实只为一种规范或规范群所调整，只存在一个实体请求权；不同的生活事实为不同的规范调整，成立不同的实体请求权。但是，立法者无法追求完满的无重叠的民法体系，而是在拉大请求权基础差别的基础上，容忍了有冲突的请求权基础。加上《民法典》是按照制度编撰的,也加大了规范之间竞合的可能性。① 我国台湾学者王泽鉴指出,现代法律均为抽象规定,并从各种不同角度规范社会生活,经常发生同一事实符合数个规范要件,致该数个规范皆得适用的现象。② 包括《民法典》在内的各国民事法律规范,莫不如此。

德国民法大家拉伦茨区分了竞合型请求权的四种不同的情形:排除性竞合、选择性竞合、请求权聚合和请求权竞合。③ 在前三种情形下,并不存在请求权行使个数的疑难:排除性竞合属于法律适用上的特殊安排,实质上不存在多个请求权;本质上,选择性请求权属于同一权利的不同实现样态,而这些请求权之间的效果相互排斥,选择其一则另一个在法律上无法行使或客观上无法实现,故择一即消灭其他;聚合的请求权是法律从多个角度分析损害、区分一个事实下多种损害、提供多重互不排斥的救济,允许当事人从中进行选择和处分。本章所讨论的仅为第四类"请求权竞合"(Anspruchskonkurrenz),即狭义的请求权竞合。拉伦茨指出,在这种情况下,同一生活事实可以被纳入不同的作为请求权基础的规范,而这些根据不同规范生成的请求权在内容上是相同的。例如违约行为若造成对方损害,可发生基于违约、侵权规范的多个请求权。在此情况下,权利人可以引用对其有利的规范条款。问题是,此时当事人只能适用一种规范,还是可以适用多个规范?在后一种情形下,是发生多个请求权,还是在内容相同时,只发生一个(存在多种理由的)请求权?

请求权竞合,是从权利人角度对请求权的选择和处分进行描述。

---

① 王洪亮:《物上请求权的诉权与物权基础》,《比较法研究》2006年第5期。
② 王泽鉴:《契约责任与请求权责任之竞合》,载王泽鉴《民法学说与判例研究》,北京大学出版社,2015,第590页。
③ 竞合性请求权的类型和区分,见第三章第二节之"多重请求权的类型"。

请求权竞合情形下，权利人欲寻求法律救济的，在相对方即成立责任竞合。因此，也可以用"责任竞合"的方式描述请求权竞合，以示被告应受到何等处遇。请求权竞合时，只有一个生活事实、只有一个整体损害，那么就应只提供一个相当的救济，只不过受害人有权选择要求对方承担哪种责任。民事责任竞合系法律编纂造成，并非受害人受到双重损害，因此法理上不支持双重给付。由此，对进入诉讼的请求权竞合现象的程序规制，就必须尊重请求权竞合的实质——原告有权援引有利的规范条款、被告没有双重给付义务，并在诉讼中实现原告权利保护（有利于权利人）和被告获得公正待遇之间的利益平衡。

二 请求权竞合学说的发展

请求权竞合是一个自罗马法时代就存在的问题，但没有哪个国家可以仅通过立法就彻底解决请求权竞合的适法问题。《德国民法典》是以请求权为中心构建的民事法律体系，允许请求权的竞合。德国帝国法院在一个判例中指出："判例法确认合同责任和侵权责任可以并存的观点……不侵犯他人人身的法定义务无人不负，无处不在，并不取决于受害人和被告之间是否存在合同关系。因此，合同当事人和陌生的受害人一样受到民法典第823条的保护。"但《德国民法典》并未明确请求权竞合的法律效果，有关讨论是在学术研究中进行的。

请求权竞合学说由请求权竞合性质论和规制论两部分构成，主要见于德国民法学界的研究和实务应用，可大致分为传统理论和规范竞合说两个发展阶段。

一是传统的请求权竞合理论。从德国实体法的学理来看，请求权竞合的传统理论有法条竞合说（Gesetzeskonkurrenz）和请求权竞合说（Anspruchskonkurrenz）。19世纪末20世纪初，在契约责任与侵权责任竞合的情形中，德国学者多采法条竞合说。该说借鉴了刑法上的法条竞合概念，认为一个事实关系在发生时，如果导致多个不同的请求权同时存在，而这些请求权的目的只有一个，实际上是一种法条竞合现象，因此真正的请求权只有一个。解决问题的方法，仅仅是如何根据法条之间的逻辑关系正确适用法律的问题：或者根据特别法与一般法的关系，或者根据补充规定与法条吸收的关系，由法院审查后适用最适当的法条，而排除其他法条的适用。[①] 例如在法国法上，合同法与侵权法被视为特别法和一般法的关系，故违约与侵权竞合时，原则上只适用违约责任，该立场又被称为违约与侵权"不竞合"（non-cumul）原则。[②] 但是，从保护被害人利益的角度，侵权法在某些情形下规定的损害赔偿范围比契约法的更广。而且，若法律没有特殊安排，根据法条竞合说难以得出违约与侵权、类合同请求权与不当得利何者更特殊而应当排他性适用的结论。故目前已没有什么人赞成此说。

学者们发现法条竞合说的缺陷后，逐渐改采请求权竞合说，该理论又分为请求权自由竞合说和请求权相互影响说。自由竞合说认为因同一事实符合给付内容相同的多个请求权构成要件时，几个请求权同时独立、并存，当事人可以自由行使竞合的请求权，可以同时援引也

[①] 陈荣宗：《民事程序法与诉讼标的理论》，台湾大学法律丛书编辑委员会，1977，第247~253页。转引自段厚省《请求权竞合要论——兼及对民法方法论的探讨》，中国法制出版社，2013，第152页；李龙《民事诉讼标的理论研究》，法律出版社，2003，第155页。

[②] 叶名怡：《〈合同法〉第122条（责任竞合）评注》，《法学家》2019年第2期。

可分别援引且不受次序影响;可以让与不同的人,或将其一让与他人而自己保留另一请求权。① 但因复数的请求权之间存在竞争关系,其中一个请求权获得满足,其他的请求权随之消灭;反之,就一个请求权因目的达到以外的原因(如罹于时效)而消灭时,则可继续行使其他的请求权。该说在"一个请求权获得满足,其他的请求权随之消灭"观点上符合实体正义,应无争议;但在"一个请求权目的未达到时仍得行使其他请求权"上,不考虑请求权一次行使的可能性、完全忽视了被告的利益,有失公允。尤其是原告就不同请求权先后起诉时,因前诉判决不能拘束后诉,可能导致放任重复起诉、重复裁判的后果。德国学理和判例上因此发展出相互影响说,主张请求权竞合时,当事人只可主张一个请求权,但允许在管辖法院、诉讼时效、证明负担、证明标准、赔偿范围等方面互相影响,以克服承认两个独立请求权所发生的不协调或矛盾。但该说无视各请求权规则背后的立法目的、实际上抹杀了不同请求权之间的界限,也陷入难以自圆其说的境地:既然承认几个请求权独立、并存,又怎能容许在相互修正中代替独立、并存?或者说,承认两个请求权得相互作用,则事实上已放弃两个请求权独立、并存之概念。

二是请求权基础竞合(规范竞合)说(Anspruchsnormenkonkurrenz)。该说由拉伦茨的门生乔治亚迪斯(Georgiades)提出、后经拉伦茨完善和推广,被认为较好地克服了请求权竞合说的缺点,进而成为请求权竞合理论的通说。请求权基础竞合(规范竞合)说认为,在同一事实可以适用数个不同的民事法律规范时,权利人实体法上的请求权只有一个,相互竞合的并非请求权而是请求权基础。在多个法律规

---

① 王泽鉴:《民法思维:请求权基础理论体系》,北京大学出版社,2009,第131页。

定的背后只存在一个义务、一个法效果，只是因为学理上的需要，这个义务才被作了不同的安排，因而只成立一个单一的、建立在多种基础上的请求权。比如，交通事故受害人对加害人享有的基于合同、一般侵权和特殊侵权的请求权，出租人对租赁物同时享有的基于合同、不当得利和无因管理的请求权，买受人对出卖人享有的基于合同和侵权请求权以及出租人在出租物损毁时基于合同和所有权享有的请求权的情形中，实际上都只成立一个实体请求权，只能整体地让与或免除。① 至于单一请求权的内容以及范围、时效、转移、证明负担等问题，学者提出主要从法律规范的目的、平衡当事人利益等原则来确定。相应地，只有基于不同事实存在多个给付或者基于法律特别规定时，才可能成立真正的请求权竞合，比如基于票据关系和（借款、买卖等）原因关系存在多个请求权。

请求权基础竞合（规范竞合）说区分出所谓请求权的基础竞合与真正的竞合，部分解决了传统的请求权竞合论在诉讼中的缺点，但何种情形之多数请求权可构成一个实体请求权，仍有与实体法理论协调及认定上的困难，毕竟这种统一的请求权只是被拟制出来的权利，非真正之权利本身。尤其是不同的竞合规范在实体法上责任范围、消灭时效、举证责任以及抵销许可性上等可能有所不同，怎能视为单一实体请求权？单纯从实体法角度看，确实存在这种悖论，但该说本系与诉讼连接、意在解决请求权竞合的诉讼问题，则如王泽鉴先生认为，此理论符合当事人利益，规避请求权自由竞合说之缺点，兼采请求权

---

① 〔德〕卡尔·拉伦茨：《德国民法通论》上册，王晓晔等译，法律出版社，2013，第352~355页；〔德〕迪特尔·梅迪库斯：《德国民法总论》，邵建东译，法律出版社，2013，第69页；曹志勋：《德国诉讼标的实体法说的发展——关注对请求权竞合的程序处理》，《交大法学》2018年第1期。

相互影响说之特色，使实体法上请求权之概念与新诉讼标的理论趋于一致，颇具可采性。① 该说目前在德国为通说。

第二节 诉讼标的理论对请求权竞合的回应

诉讼制度有实现实体法、解决民事纠纷、保障程序公正等价值目标，对请求权竞合的诉讼处理也必须体现这些价值目标。诉讼标的个数决定着诉的个数，诉讼标的理论与请求权竞合的诉讼实践最为密切。如何合理解决请求权竞合的诉的个数及诉讼形态问题，构成诉讼标的各学说的主要争论点。

一 从旧说到新说——权宜之计到请求权回避

旧实体法说认为诉讼标的是原告向法院提出的实体法权利（尤其是请求权）主张。实体法上的请求权决定着诉讼标的之内容和个数，请求权竞合时，因实体法上成立数个请求权，在诉讼中即存在数个诉讼标的。依处分权主义，若权利人先主张一个请求权，法官就只能审理这一个请求权，而就一个请求权作出的确定判决的既判力不及于竞合的其他请求权，原告可就其他请求权再行起诉。由此产生的问题是纷争无法一次解决，而容许原告先后提出不同的请求权重复起诉又会加重被告的应诉负担和浪费司法资源，还可能产生矛盾裁判。对于旧

---

① 王泽鉴：《契约责任与请求权责任之竞合》，载王泽鉴《民法学说与判例研究》，北京大学出版社，2015，第600页。

说的缺陷，拥护者试图通过选择合并或允许诉讼变更加以克服。日本学者兼子一认为，诉讼以从法律上解决纠纷为目的，所以与调解不同的是，原告的请求须是在法律上可以评价的具体的法律关系或权利。因此，请求权竞合的情形构成不同诉讼标的，数请求并存构成诉的选择合并，由一请求权转为另一请求权构成诉的变更[①]；以其他请求权另诉的，也不构成重复起诉。类似地，我国台湾地区"最高法院"（1967）台上字第3064号判例认为，不当得利返还请求权与损害赔偿请求权虽法律上性质不同，但若二者是依据同一事实的话，应当允许原告选择其中之一提起诉讼，并允许进行诉的变更，而无须征得被告的同意。还有学者主张请求权竞合时以选择合并或重叠合并来解决，而两个请求权在诉讼中互相成为解除条件，即互相以另一个请求被法院认为有理由为解除条件。不过应由法院而不是当事人决定先要审理哪一请求。[②] 选择合并的方案符合诉讼经济原则，又克服了旧实体法说的缺陷，但该方案除了对法官的阐明责任要求较高，择一审判也容易损害"有利于权利人"原则。此外，若当事人坚持只就单一请求权起诉，事后再以另一请求权起诉的情形仍无法避免。选择竞合成了权宜之计。

出于诉讼公正的考虑，对这些请求权适宜统一地通过一个程序加以裁判。由此引发了德国法学界对诉讼标的进行重新界定，诉讼标的从最初的描述性概念开始转向了功能性概念，并在现代民事诉讼中取

[①] 〔日〕兼子一：《实体法与诉讼法》（1957），第71页。转引自张悦《日本诉讼标的论争回顾》，载张卫平主编《民事程序法研究（第十八辑）》，厦门大学出版社，2017，第246页。

[②] 邱联恭：《口述民事诉讼法讲义（二）》笔记版，许士宦整理，台湾自版，2012，第159~160页。

得了核心地位[①]，成为判断诉之合并与变更、重复起诉、既判力客观范围的根本标准。新诉讼标的理论为了解决旧说的弊端，在考虑诉讼标的概念时脱离了与实体法上权利义务的关系，将诉讼标的理解为诉讼上请求（prozessualer Anspruch），在给付之诉系以原告对被告请求给付之法律地位之单复、异同作为判断标准，而与请求权个数无关。

罗森贝克等人指出，在仅存在一个诉的声明和一个作为根据之案件事实时，只构成一个诉讼标的，就此解决请求权竞合的诉讼次数问题。施瓦布的一分支说甚至将借款（原因关系）和本票之关系，也认定为只成立一个诉讼标的。但割裂与实体法权利的关系，使得很多诉讼现象无法解释，比如对于承认、变更、放弃诉讼标的，法院应当作出原告败诉或胜诉的判决，另外诉讼上的和解也与本案确定判决有同一的效力等。其实，新说虽声称不考虑诉讼标的与请求权的关系，但是案件事实是否同一以及诉的声明的法律来源都离不开对请求权的判断。可以说，新说并不是完全不考虑实体请求权，只不过该说通过对诉讼标的进行全新定义，试图弥合实体法上请求权竞合说与请求权基础竞合（规范竞合）说之间的沟壑，使之不在诉讼中生成矛盾。在保护当事人权益和兼顾诉讼之公益（公平、效益）方面，其不失为较好的解决办法，难题在于如何适当把握同一案件事实的范围，以避免诉讼标的范围的不确定性。

[①] Stein/Jonas/Roth, Zivilprozessordnung, 22. Aufl. 2008, vor § 253, Rn. 4; Musielak/Voit, Grundkurz der ZPO, 12. Aufl. 2014, Rn. 139. 转引自赵秀举《论请求权竞合理论与诉讼标的理论的冲突与协调》，《交大法学》2018 年第 1 期。

二 新实体法说——对请求权竞合的处理倒向了诉讼法说

实体法说学者们针对请求权竞合导致诉讼标的无法特定、唯一的问题，认为从纯粹诉讼法的角度进行的研究治标不治本，解决这一问题必须重新考察民事实体法的请求权理论。传统诉讼标的理论无法避免请求权竞合的重复起诉问题，是实体法学上的请求权自由竞合理论使然。由于自由竞合说认为请求权竞合时存在多个请求权，当事人可以同时援引也可分别援引，那么，为了解决一个给付可分成数次诉讼的问题，须重新构建民法上请求权的复数形式。

德国学者尼基施原本坚持二分支说，后来因主张统合程序法和实体法、进而在实体法中借鉴程序法成果，转向了新实体法说。他提出根据一个事实关系而产生具有相同目的之几个实体法上的请求权的情形下，应该认为只有一个实体法上的请求权存在。而在借款和本票的关系中存在两个独立的请求权，才是"真正的请求权竞合"，构成数个诉讼标的。这其实是将请求权基础竞合（规范竞合）理论适用于诉讼中的反映。请求权基础竞合说主张识别诉讼标的之标准是权利主体和请求权的内容，只要这两者均相同，即便请求权基础不同，也只成立单一的请求权，在诉讼上亦仅构成一个诉讼标的。请求权基础竞合说将若干请求权规范基础视作诉讼中的攻击及防御方法（诉讼理由），权利人应在一次诉讼之中尽数提出，否则失去另诉的机会。

新实体法说学者的见解进一步推动民法学界对请求权竞合理论的反思。比如日本的实体法学者奥田昌道教授提出了一个精致的"请求权二重构造方式"学说。他认为，请求权区分为存在与属性的两层构造，应分别予以考虑。请求权的存在问题是指如何在竞合的数个请求权中决定一个适合于给付判决的请求权；请求权的属性问题是指单一请求权的法的性质，就这一个实在请求权的（物权或债权等）属性而言，应当从发生竞合的数个观念性请求权之中进行合理的取舍选择（有关属性决定问题并未深入讨论）。不论如何，即便在实体法上的数个观念性请求权发生竞合的情形，作为实在的请求权也只有一个，而这一个请求权就构成了诉讼标的。加藤雅信教授从实体法规范之间的调整问题之视角出发，于20世纪80年代提出以"统一请求权"概念来把握诉讼标的。他将统一请求权分为存在"最初请求—抗辩—再抗辩"之形式的"纵型统一请求权"和不存在这种形式的"横型统一请求权"两类，区分把握诉讼中的诉讼标的。前者根据对应的请求权的实体法规范及法规之间关系进行评价，后者例如损害赔偿诉讼中，当事人可以同时主张侵权与债务不履行等请求权，二者之间不存在先后依次主张、抗辩而发生交错的关系，因此，其实体法属性的决定必须个别地来进行。但加藤的观点被指出"与新诉讼标的论相比没有多大变化"，而且该解说也未能达到圆满。[1]

其实，包括请求权基础竞合说在内的缩减实体请求权个数的理论，反映到诉讼标的学说中都不可避免地倒向了新诉讼标的的理论。因为请求权竞合本身就是发生于一个生活事实之上，为避免重复诉讼而将请求权个数缩减进而只成立一个诉讼标的，最终不过是将诉讼标的之判断标准限定于生活事实（或案件事实）。

---

[1] 奥田教授学说的详细论述展现于其1968年发表的《请求权与诉讼标的》、1979年发表的《请求权概念的生成与展开》、1993年发表的《关于请求权竞合的问题》中。奥田教授、加藤教授的基本观点参见〔日〕高桥宏志《民事诉讼法——制度与理论的深层分析》，林剑锋译，法律出版社，2003，第35～40页。

三 生活利益说——脱离了请求权和诉之声明的新标准

日本学者小山升教授提出，诉讼标的是实体法所承认的生活利益的主张，这一主张只需得到实体法的承认而无须符合实体法的权利构成要件。因为现在的诉权概念已从实体法上的权利中解放出来，实体法上的权利只是作为请求有无理由的判断标准，而不是诉权的产生前提，诉权从最初的形式演变为实体法上的权利，又转变为利益的主张，有利益就有诉权。诉讼标的之概念可界定为原告对被告的利益主张，在请求权竞合的情形下，原告的利益主张只有一个，诉讼标的也就只有一个。①

一分支说本来已经脱离请求权的约束，将诉之声明作为诉讼标的的内容，而小山升教授更进一步走出诉之声明的范围，将诉讼标的之概念界定为原告对被告的利益主张。"利益主张"完全脱离了法律上的评价，更加抽象和难以确认。

第三节 我国请求权竞合的理念及实践

整体而言，实体请求权竞合理论影响了我国的立法、学术理念，这与（争议的）"法律关系"这一传统诉讼标的概念是相符合的，然而前述理念并未真正贯彻于请求权竞合的司法实务之中。实务中呈现

---

① 李磊：《请求权竞合解决新论——以客观预备合并之诉为解决途径》，《烟台大学学报》（哲学社会科学版）2016年第4期。

原因复杂的变异的"择一消灭"操作,既不接受当事人一次提起多个请求权主张,也不支持另诉,存在剥夺当事人处分权、妨碍其实体权利实现之弊端。

一 立法和学界以自由竞合说为主,相互影响说为辅

与德国学界和实务界由诉讼标的新说主导不同,我国学界和实务界关于诉讼标的概念的主流观点是(争议的)法律关系说。与法律关系说相呼应的请求权竞合理论是自由竞合说①,这主要反映在立法活动中。

我国《民法典》已经构建了一个比较完备的请求权体系,囊括了人格权请求权、身份权请求权、物权请求权、债权请求权等类型。我国民法未将合同法看作侵权行为法的特别法,因此不能依据"特别法优先于普通法"的原则来解决违约责任与侵权责任的竞合问题,剥夺当事人的选择权。《民法典》总则第八章"民事责任"第186条(原《合同法》第122条)规范了最为典型的请求权竞合,此时受损害方有权选择请求相对方承担违约责任或侵权责任。最高人民法院《关于适用〈中华人民共和国合同法〉若干问题的解释(一)》(以下简称《合同法解释一》)第7部分的标题"请求权竞合"和《民事案由规定》的"通知"中"请求权竞合时个案案由的确定"说明都反映了自由选择这一理念。而从全国人大常委会法制工作委员会民法

---

① 《民法学》,高等教育出版社,2019,第329页;崔建远:《合同法》(第七版),法律出版社,2021,第234页;韩世远:《合同法总论》(第三版),法律出版社,2016,第720~722页;李宇:《民法总则要义:规范释论与判解集注》,法律出版社,2017,第875页。

室成员对《民法典》第186条的释义可看出，该规范的目的是充分保障受损害方实体权利及诉权，兼顾被告方利益及审判负担。请求权自由竞合说与此规范目的较为吻合。① 还有学者认为，为避免受损害方滥用处分权和诉权，应将自由竞合说中"权利人可以分别处分两个请求权，或让与不同之人，或自己保留其中一个而将另一个让与他人"的内容加以修正，即不允许受害人分别处分两个请求权②，以免相对方不堪重负。这一立场，可称为"请求权有限自由竞合说"。

我国学界对请求权相互影响说也有支持者，认为其作为对自由竞合说的修正，在斟酌当事人的利益及法律目的方面之考量有可取之处。实务中也有法院跨越请求权界限，在最大范围支持原告的诉讼请求。但该说对于为何两种法律依据不同的独立请求权可以相互影响，无法自圆其说。我国传统立法上也不支持竞合的请求权之间相互作用，比如根据原《合同法》上的违约损害并不包括精神损害，司法解释也不支持将竞合的请求权进行叠加。

但相互影响说在充分保护受害人权益方面具有的优越性也打动了立法者，促成《民法典》第996条确立责任竞合情形下的违约精神损害赔偿责任规则。该条款突破了违约责任与精神损害赔偿不能并行的一般原则，据此，受损害方若因对方的违约行为损害了自己的人格权并造成严重精神损害，可一并在违约之诉中提出损害赔偿请求。从民法基本原理看，该规则具有正当性和合理性。因为，既然精神损害也是违约人造成的，违约人就应当承担民事责任，而受损害方并未因此

---

① 黄薇主编《中华人民共和国民法典释义》，法律出版社，2020，第369~370页。
② 崔建远：《合同责任研究》，吉林大学出版社，1992，第166页。

获得不当利益。① 应当注意的是，该条作为精神损害赔偿的例外情形，不能随意扩张解释或类推适用，也就是说，该规定只是有限地体现了请求权相互影响说的理念。立法上、学说上仍然以请求权自由竞合说为通说，并认为应对权利处置进行必要限制。

二 司法实务以择一消灭为基调、合并诉讼为副线

请求权竞合产生的根源在实体法领域，但只有在权利人寻求司法救济时才会显现法律适用的疑难。而《民法典》对请求权竞合现象的回应是有限的，请求权竞合的法律制度供给不足。首先，《民法典》没有在总则编设置请求权竞合的一般条款，对第186条之外的竞合情形也没有明确规定②；其次，责任竞合（请求权竞合）的法律效果也不明确，诸如第186条关于"受损害方有权选择请求"、相对方"承担违约责任或者侵权责任"应作何解读，包括请求权之间关系如何、受害人应如何实现其请求权、义务人的公正处遇等问题，若无明确法律规定，需要学理研究和实务经验予以建设和完善。

在原《合同法》第122条实施过程中，因缺乏对请求权竞合情形下权利实现途径的具体规则和权威解释，立法和学理上的实体请求权竞合说的实质并未完全在司法实务中贯彻，而是将"自由行使权利

---

① 最高人民法院民法典贯彻实施工作领导小组主编《中华人民共和国民法典人格编理解与适用》，人民法院出版社，2020，第82页。
② 有学者梳理出民法典中的九大类责任竞合，包括违约责任与侵权责任竞合、一般违约责任与物的瑕疵担保责任竞合、物权请求权与占有人的物上请求权的竞合等，参见崔建远《中国民法典所设竞合规范论》，《兰州大学学报》（哲学社会科学版）2021年第1期；韩世远《合同法总论》（第三版），法律出版社，2016，第715页。

(有权援引有利规范)""不双重给付"原则异化为"一次诉讼"原则。实务界普遍将请求权竞合的"择一行使"规定解读为"择一消灭",即"对于同一个法律事实,适用竞合只能是一次,不可能是多次的反复适用,也不允许当适用一种责任失败或者不足后,又补充适用另外一种责任"。①——原《合同法》第122条"有权选择"与原《合同法解释一》第30条的"起诉时作出选择"后有权"变更"诉讼请求(实际是指请求权基础)被解读为只能在起诉时选择一个请求权,只能进行一次程序救济。且在《合同法》《侵权责任法》等法律规范被废止后,实践惯性依然如故。

笔者在中国裁判文书网以"请求权竞合""合并""重复起诉""民法典第一百八十六条"等为关键词查询、比较了《民法典》实施前后的百余份裁判文书,发现实践中对请求权竞合的诉讼处理呈现以下几个特点。一是认为权利人只能选择行使一个请求权,诉讼对请求权竞合仅做一次法律评价;不论选择的请求权是否得到支持,一般不得另行援引其他请求权再诉,否则构成重复起诉。② 二是不支持诉的客观合并是普遍现象,认为请求权竞合的,当事人可择一行使,不能

---

① 吴庆宝:《论侵权责任与违约责任竞合的限制》,《法律适用》2002年第8期。
② 最早体现这种司法理念的法律文件是最高人民法院《全国沿海地区涉外、涉港澳经济审判工作座谈会纪要》(法〔经〕发〔1989〕12号),其中规定:"当事人不得就同一法律事实或法律行为,分别以不同的诉因提起两个诉讼。"
有关裁判如(2022)皖民终138号民事判决书认为,对商标侵权、不正当竞争的竞合,仅做一次评价即可;(2021)京民终911号民事判决书认为,在原告以侵权责任纠纷起诉并进行审理后,对其又以同一法律事实主张不当得利的请求不予审查;(2003)民四终字第2号民事裁定书认为,相同当事人之间基于同一事实、同一给付目的,分别(对竞合型请求权)提起不当得利和侵权两次诉讼的,违反"一事不再理原则"。

同时主张多个请求权。① 实践中也有一些支持合并审理的例外，多见于知识产权纠纷，但判决通常只支持一个请求权。② 其实，以上实践中的主流做法与请求权竞合说并不一致，而且多出于对法律规则的误读。

首先，"择一消灭"的要求和做法忽视了竞合的权利在实体法上的相互独立性，抛弃了传统请求权竞合理论重视权利保护的实质内核，即"其他的请求权消灭"的前提是"一个请求权获得满足"，这在逻辑上意味着，个案中应在对一个请求权审查成立后才能消灭其他请求权。而司法解释和审判却将选择请求权的时间提前到诉讼初期阶段，且实务中不允许另行起诉，导致不论前一请求权是否实现、提起一次诉讼就失去提出其他请求权的机会，这种观点只考虑程序的效益而置实体效果（权利保护）和当事人的处分权于不顾，可能损害权利人的实体利益，违背在权利人、侵害人之间实现利益平衡的立法初衷。

其次，"择一消灭"的理念系将对请求权竞合理论和法律规则的误读带入了诉讼领域并忽略了诉讼标的理论。一是将请求权竞合"有权选择"最有利于自己的请求权这一任意性条款误读为"择一行使、择一消灭"的限制性条款，不允许一并主张。请求权竞合是因法律从各种不同角度规范社会生活而发生的，于法理上，在请求权竞合时，既然可能符合各规范的构成要件，原告自然有权都主张，以加强论证

---

① （2021）最高法民申 3694 号民事裁定书认为"当事人以一个请求权提起诉讼即意味着通过诉讼程序吸附了其他的请求权"；（2019）鲁 10 民初 132 号民事判决书甚至以原告坚持同时主张竞合的请求权构成诉讼请求不明确为由判决驳回了相应的赔偿请求。更多案例参见（2018）最高法民终 860 号民事裁定书、（2021）陕知民终 185 号民事判决书、（2022）川 33 民终 93 号民事裁定书。

② 参见（2020）京民终 192 号民事判决书、（2021）鲁民终 1160 号民事判决书。

其提出的诉讼请求。二是司法实务避开了我国的诉讼标的理论。我国立法和学理上坚持诉讼标的之实体法律关系说，则竞合的请求权由于建立在不同的法律关系之上而构成不同的诉讼标的。坚持法律关系说就不能将不同的法律要件事实等同于一个生活事实（诉讼法说的观点），进而认为只成立一个诉讼标的、只允许当事人利用一次诉讼程序，否则即限制了当事人的诉权、不当扩大了既判力的范围。以上误读不知是基于对从源头避免"双重给付"的机械解读，还是为了审判中便宜行事而实质上忽视了当事人实体权利，总之相关操作远远背离了请求权竞合的实质、亦与诉讼标的理论、民事诉讼司法解释[①]不符，不利于纠纷的合法、有效解决。

第四节　请求权竞合的诉讼合并

我国立法和学理上均以请求权自由竞合说、诉讼标的之法律关系说为主导，司法实务中却未能贯彻以上理念，呈现相当程度的思维割裂和适法背离。在实现诉讼公正和效率成为审判工作主旨的当下，迫切需要调整实务与立法、学理的偏差，缓和实体权利实现目标与诉讼权利限制现实之间的紧张关系。

为避免"择一消灭"做法之权利保护不足、重复起诉之判决不确定和诉讼负担重等问题，将所有请求权合并在一个诉讼中进行审判，

---

① 依法律关系说，应认为竞合的请求权可以分别诉讼。《民诉法解释》第247条有关"禁止重复起诉"的规则中，即使同一当事人之间的诉讼请求相同，如果诉讼标的不相同，也不认为是重复起诉。据此，请求权竞合的，当事人可以先后提起多个诉讼。

是请求权竞合的诉讼最优解。我国《民事诉讼法》第143条之"原告增加诉讼请求……可以合并审理"① 是对请求权竞合可予诉讼合并的法律依据。但诉讼客观合并在学理和实践中存在多种类型，须选择与请求权竞合的实体理论协调且符合诉讼公正和效益最大化的合并方式。同时，为避免以强制诉讼合并侵害当事人处分权的情形，还应允许当事人在仅主张一个请求权却败诉后以合理理由依据其他请求权另诉，以落实请求权竞合说的实质精神。

一 请求权竞合之诉讼合并的优势

诉讼合并具有提高诉讼效益、防止重复起诉和冲突裁判、彻底解决纠纷、维护司法权威等程序功能。对请求权竞合的诉讼合并还能实现请求权竞合理论之"有利于权利人"并"防止双重给付"的合理内核。

一方面，诉讼合并能全面保护原告的实体权利。不论是请求权自由竞合说承认多个请求权并存、支持当事人自由行使权利，还是请求权相互影响说及吸收相互影响说优点的请求权规范竞合说所解读的存在数个规范基础上的统一的请求权，都坚持一个基本立场：在诉讼中，权利人于法律上所具有的给付请求权的地位，只能使其更为有利，不能使其较为不利。请求权竞合的实质其一是原告有权援引有利

---

① 此"诉讼请求"既有与诉讼标的并列成为诉的客观要素的诉讼上具体的权利主张之意，也在一定情形下指代"诉讼标的"。《民诉法解释》第232条和该条一样，将"原告增加诉讼请求"与"被告提出反诉""第三人提出与本案有关的诉讼请求"并列，无论从体系解释还是目的解释看，该"诉讼请求"都至少包涵原告提出的新的/不同的诉讼标的。《民诉法解释》第326条将在二审中"原审原告增加独立的诉讼请求"与"原审被告提出反诉"作相同处理，也意味着此"独立的诉讼请求"包涵了新的/不同的诉讼标的之意。

的规范条款，因此任何诉讼标的学说都没有排除其一并主张的选择权。换言之，若进行诉讼合并，依"有利于权利人"原则，权利人只需就数个请求权或复数的法律理由的效果进行主张即可，而对权利人所提出的事项，法官必须对支持其主张的所有的法律依据进行审查，援引有利于权利人的规范进行判决。比如，在惩罚性赔偿金与损害型赔偿金之间，可选择数额更大的前者。[①] 我国实务中对请求权竞合的诉讼亦应尊重有利于权利人这一基本原则，允许合并诉讼。

另一方面，诉讼合并能保障被告实体和程序上公正待遇。请求权竞合理论的实质其二是不支持双重给付，这一点也须在程序设计上得以体现，即尽量避免多次诉讼，更不能判决重复支付。传统的请求权竞合说蜕变为请求权规范竞合说，与实现诉讼中一次解决请求权竞合纠纷的目标直接相关，将竞合的规范基础合一处理就不会发生多次诉讼，该说天然地包含了对被告程序利益的保护。我国实体法上由请求权自由竞合说主导，权利人对竞合的请求权得择一请求、任意处分，一个请求权得以实现才消灭另一请求权。若在实务中贯彻此说，须放任权利人对同一生活事实以不同请求权分别起诉。但这种操作会给债务人造成诉讼上的困扰，亦违背一般法律情感。而鼓励诉讼合并则可以避免多重起诉，保障被告不被过度消耗，有助于平衡双方当事人利益。需要澄清的是，虽然我国实践中通常的做法"择一消灭"，看似顾及了被告程序利益，但并不具备诉讼合并的实质优势：一是该做法

---

① 在规范竞合说中，有利于权利人原则在一种情况下不适用：如果适用这一原则会破坏与所选择的规范相竞合的规范的立法目的时，则应优先适用相竞合的规范，借以避免"使法律特别减轻债务人注意义务及特别短时效期间之规定成为具文，有违立法目的"。参见王泽鉴《契约责任与请求权责任之竞合》，载王泽鉴《民法学说与判例研究》，北京大学出版社，2015，第599页。

并未建立在"有利于权利人"的理论基础之上，不允许权利人提出合并诉讼；二是并不能排除被告被再次追诉，不过是一种方便结案的实践惯性而已。

因此，彻底、公正解决请求权竞合的最佳诉讼形态是诉讼合并。在我国，诉讼合并努力的方向是法院应通过行使阐明权促使当事人选择诉讼合并，并且能合尽合，除非原告拒绝合并（此时应尊重其处分权）；若原告拒绝合并诉讼，嗣后又就其他请求权另行起诉，应当审查是否构成重复起诉并赋予被告异议权。此外，法律可设置一定的惩罚机制，对于原告将本可以合并进行的诉讼无正当理由分别诉讼的，按滥用诉权给予程序性处罚。

二 请求权竞合之诉讼合并的类型选择

（一）有争议的选择合并

选择性合并（择一性合并）是旧诉讼标的理论的支持者为了弥补旧说在请求权竞合时的理论缺陷而形成的一种观念：法院对竞合的数个请求中的一个予以认可的，构成其他请求审判申请的解除条件；只有全部请求都不应支持，才能作出原告败诉的判决。[①] 照此理论，当事人请求法院合并审判竞合的请求权的，若法院对请求权之一支持，不必审理其他请求权，即可作出胜诉判决；如果经审理认为多个请求权都不应支持，就驳回全部诉讼请求。不论法院作出哪种判决，当事人诉权都消耗完毕，不得再次起诉。此诉讼合并规则，可以达到避免请求权竞合时多次诉讼的效果。我国有学者主张以选择合并解决请求

---

① 〔日〕新堂幸司：《新民事诉讼法》，林剑锋译，法律出版社，2008，第522页。

权竞合的诉讼问题,认为选择合并减轻了原告起诉时选择法律规范之负担,利于最大限度保护原告之利益,同时符合法院知法原则,便于维持法官适用法律之专属权,通过一次性解决纠纷也能缓解被告诉讼防御之负担。①

选择合并之诉首先应解决的问题是,谁有义务选择请求权及选择时机。对此,以下案例具有典型意义。

案例1 在段某与好享购物股份有限公司、烟台白洋河酿酒有限责任公司产品责任纠纷一案中,经法院阐明,原告仍不肯明确依据《食品安全法》还是《消费者权益保护法》要求支付惩罚性赔偿金。法院认为原告拒绝选择诉讼基础,使诉讼请求(数额)无法确定,审理也无法推进和进入实质评判。法院将选择请求权基础视为原告的诉讼义务,认为法官除了通过阐明促使其明确请求权,不得超越其中立地位而代替其确定哪一请求权有利。因此,原告拒绝选择请求权导致诉讼请求无法明确,起诉不合法定条件,应予裁定驳回。② 这种义务模式可称作"当事人在起诉时即有选择义务+当事人不选择,法院驳回起诉"模式(以下简称"当事人义务模式")。

案例2 在王某、蔡某诉湖南大旺饲料有限公司损失赔偿一案中,二原告主张被告提供的产品有缺陷,给其造成财产损失,并存在欺诈,要求被告赔偿财产损失和依《消费者权益保护法》

---

① 段文波:《请求权竞合论:以诉之选择性合并为归宿》,《现代法学》2010年第5期。
② 参见(2019)京0491民初14688号民事裁定书、(2019)京0491民初1669号裁定书。

支付惩罚性赔偿金。一审法院向原告阐明应在合同之诉还是侵权之诉之间进行选择但被拒绝，一审法院遂以"考虑到其对自身利益的保护"为由确认原告主张的是产品责任侵权之诉。二审法院则根据上诉人（一审原告）仅要求被上诉人（一审被告）按《消费者权益保护法》的规定赔偿其204768元，将该案认定为买卖合同纠纷，审理后因原告主张的事实不成立而驳回上诉、维持原判。① 在原告担忧诉讼风险而不愿作出单一选择时，法院根据案情从原告利益出发进行选择。这种审判模式可称作"当事人不选择，法院有义务在审理过程中选择适用有利于原告的规范"模式（以下简称法院义务模式）。

当法院向原告阐明进行权利选择而被拒绝，法院将面临两难抉择。一是，如果法院采取"当事人义务模式"以诉讼请求不明确为由裁定驳回诉讼，不利于原告的权利保护。而且法院要求原告在起诉和审理的初期阶段就作出选择并不符合原告请求权"选择权"实质，因为这种有利于原告的选择本应当是在对原告的主张全部审理之后才须作出的。可见，这种做法自不可取。二是，如果法院采取法院义务模式替原告作出选择，可能被指责违背处分权主义②、偏离中立的立场。近年来德国实务中有关选择竞合的新发展也体现了这种担忧：在2011

---

① 参见（2014）益赫民一重字第6号民事判决书、（2014）益法民一终字第502号民事判决书。

② 笔者认为，如果理论前提是必须在推进审理之前对请求权竞合择一作出选择，那么法院在原告拒绝选择又不撤诉的情况下，意味着原告默认交给法院根据专业知识进行最佳选择而不违背处分主义，因为除此没有其他使诉讼继续进行的可能。问题是，这一审理前必须择一的理论前提可能是错误的，并且导致任何人也无法准确进行选择，若是这样，实务中的做法就应重新讨论，比如在对请求权全部审理之后再要求当事人作出选择。

年所谓的德国技术监督协会一号（TU：VI）案[①]和TU：VⅡ案之后，德国联邦最高法院开始排斥只有一个单一的法律保护请求而有不同诉讼理由的选择性诉讼合并。[②] 原因是这种操作违反起诉的明确性要求以及不尽公平和可能违反诚信。如果让法院在多个诉讼理由中自行选择一个作出胜诉判决，看似减轻原告的选择负担，实则法院可能选择审理相对容易而非最有利的一个，因而有过度赋予法院专权的问题。而法院在只选择部分诉讼理由进行胜诉判决，其他的诉讼理由就被放弃的情况下，一旦该诉讼理由被推翻，判决就失去确定力和执行力，原告的权益反受到损害。

将德国实务中诉讼理由的合并类比我国诉讼标的之合并，在对请求权竞合作出确定判决前需要审理的诉讼理由/诉讼标的数量方面，具有相同意义，应作出相同评价。也就是说，选择性合并的择一（审判）支持原则并不适应请求权竞合的实质，无法借以合理处置请求权竞合的诉讼问题。

（二）专门的竞合合并

我国台湾地区学者大多认为，竞合合并（在台湾也被称作重叠合并）解决声明单一但请求权两个以上且互相竞合的情形。依照处分权主义，应承认原告有权请求法院就所主张的每一个请求均为审判。笔者对此深表赞同。因为前文提到对竞合的请求权择一裁判并不能彻

[①] 该案判决参见李大雪《德国联邦法院典型判例研究——民事诉讼法篇》，法律出版社，2019，第56~57页。
[②] 因为随着竞争法和知识产权法的实践，越来越多人使用选择性诉讼理由，将两个或多个理由抛给法院，让法院进行选择。例如以版权到期和编者所加的附注有损作者名誉甚至更多的诉讼理由，要求判决被告禁售原告的著作，这给法院造成很大的审判负担。

底解决请求权竞合情形下的纠纷,也危及裁判的确定性,而对合并后的诉讼标的逐一审理能在实质上维护当事人的处分权和程序利益,避免突袭裁判,降低了对原告诉讼能力的要求,抑制法官无视当事人最佳利益、择易而审的自然倾向,可使原告的权利获得最大限度保障。①

邱联恭还认为请求权竞合在同一诉讼程序主张时,不必然构成竞合合并,原告如有利益亦可能构成预备合并或选择合并。② 笔者认为,若当事人选择以预备合并或选择合并的形式处理请求权竞合,不是不能支持,但既然如前文所讨论的现代选择合并有对请求权基础排序的需要,就与预备合并有审理次序一样,当前位请求被支持则不裁判后位请求,如此,与竞合合并的裁判回应全部的请求权主张相比,较不利于权利人的权利保护,不甚可取,除非原告乐于做此选择。

尽管对竞合合并有不同的定义,本着完整、精简、不交叉、不遗漏的体系构建原则,笔者坚持以竞合合并解决请求权竞合的诉讼问题,并且此"竞合合并"是专指原告请求就每一个请求权均做裁判的情形。③ 因为只有对各请求权均予以审理,才知道何者成立/不成立,

---

① 韩波:《论请求权竞合时诉的客观合并之形态》,《现代法学》2022 年第 1 期。
② 邱联恭:《口述民事诉讼法讲义（二）》笔记版,许士宦整理,台湾自版,2012,第 228～229 页。
③ 邱联恭先生认为,就每一个请求权均有要求法官下判决之利益时,才可提起竞合合并。比如,原告提出价金请求权与票款请求权,因出具票据为支付价金,故经济利益仅有一个。但原告预测被告可能以 A 债权主张就价金债权抵销 30 万元,且以 B 债权就票款债权抵销 20 万元,此时,原告就 A 部分与 B 部分抵销均有取得具有既判力判决之必要。反之,如果两个以上之竞合请求并无一一请求判决之必要,只要一个请求权即能达到一个诉之声明的目的,则原告即无一一请求判决之实益。笔者认为,这种区分固然有节约司法资源的作用,但目前要求我国当事人区分这类实益非常困难,对法官而言也很难完成。现阶段还是对竞合合并放宽要求更符合各方利益。

都成立的话何者更有利于原告。对每一请求权都进行审理后的裁判结果又区分为两种类型：一是有一个或多个请求权成立，则选择其中给付范围最大的作出（有利）判决；二是所有请求权都不成立，则驳回诉讼请求。如前文提到的案例2，原告不愿冒风险选择依据《食品安全法》还是《消费者权益保护法》要求支付惩罚性赔偿金，法院应对两个请求权主张均进行审理。如果两个请求权均成立，就向原告阐明作出选择并判决支持该请求权；如果两个请求权都不成立，就驳回诉讼请求。

司法实践是学说理论的校验场，可以在制度匮乏、理论争议的情况下对请求权竞合的诉讼进行试验、创新，选择最佳方案。当立法、学界对一个问题存在主流学理，法院实务应予以体现和落实，才不至于出现思维割裂和适法背离。

事实上，尽管我国实务中的主流做法是对竞合请求权要求原告在诉讼初期就作出"择一消灭"的选择，仍然有一些法院秉持保护权利人的优势地位、防止双重给付的精神处理案件。例如湖南省高院在湖南守护神制药有限公司起诉他人侵害商标权和不正当竞争一案中，将商标侵权和不正当竞争都作为焦点进行审理，最终认为不正当竞争不成立，支持了有关商标侵权损害赔偿的诉讼请求。最高人民法院在双飞人制药股份有限公司起诉广州赖特斯商务咨询有限公司等侵害商标权及不正当竞争纠纷案中，对竞合的请求权均进行审理后作出均不支持的判决。这些裁判[1]对原告主张的请求权均予以审理、回应，符合请求权竞合的实质：既尊重了原告的处分权和保护其实体请

---

[1] 前述裁判说理参见（2020）湘知民终312号民事判决书、（2020）最高法民再23号民事判决书。另有类似裁判参见（2020）赣民终619号民事判决书、（2021）浙民终294号民事判决书。

求权,还通过在一个程序里彻底解决纠纷,避免了重复起诉,维护了被告的程序利益。这种做法也不会过分加重审判负担,非常值得进行推介。

三 竞合合并的审判

现代阐明制度将法官定位为积极的法官,不但发挥促进诉讼、发现真相的功能,还扩展至促进纠纷一次性解决、避免裁判突袭等方面。在诉讼标的、诉讼合并的阐明上,我国台湾地区法律规定与实务操作具有借鉴意义:法院对请求权竞合的诉讼合并有阐明和诉讼促进义务。阐明之后,如果当事人请求合并审理,则判决对两个请求权均发生既判力;如果当事人仅诉一个请求权,既判力不应及于另一请求权。

阐明之后,若当事人对请求权竞合要求合并审理的,发生竞合合并。关于竞合合并之诉的审判,有三种不同的认识。第一种观点认为就数项诉讼标的应一并予以辩论,如果每一个诉讼标的都有理由的,只阐明一个胜诉或败诉的判决主文,而在判决理由中说明各诉均有理由或无理由的意旨。若其中一诉有理由,而其他诉均无理由时,仍然认为原告之诉有理由,在判决理由中说明。第二种观点认为,应当就数项诉讼标的一并进行辩论,如果各诉讼有理由或无理由,只阐明一个胜诉或败诉的判决。但如果其中一诉有理由,他诉无理由,就需要分别作出胜诉及败诉的判决。第三种观点认为,就数项标的依其主张的顺序逐一审判,全部请求无理由,才能够作出其败诉的判决;其中一请求有理,应当判决原告胜诉,无理由部分,既没有必要在判决主文中记载,也无须在理由事项中说明,但如果认为数项请求均有理由，而作出其胜诉的判决，则为法所不许。[①] 以上各操作均要求在所有请求无理由时才可作出败诉判决，这是"有利于权利人"原则的必然要求。但在有理由支持诉讼请求时，是否要逐一说明诉讼理由及发生既判力方面有所区别。笔者认为，修正的请求权竞合说不支持对双重请求权均判决支持，尤其不能援引多重的请求权法律依据，因为这意味着承认双重给付的法律效果。因而，第一种观点最为可取：如果每一个诉讼标的都有理由，只阐明一个胜诉的判决主文，一次支持给付内容；而在判决理由中说明各诉均有理由的意旨，且既判力应特别扩张至各个请求权，当事人不得再就仅在判决理由出现的请求权另行起诉，以免造成双重给付的后果。在前述所引商标侵害及不正当竞争均成立的案件，即应作出这种处理。

第五节　未予竞合合并时对后诉的审查

虽然通过阐明促进当事人提出诉讼合并是最优解，但若当事人坚持只诉一个请求权或变更起诉的请求权，法院也应当尊重其处分权。并根据判决结果确定当事人是否可以另诉其他请求权——如果前诉的诉讼请求得到支持，再以其他请求权另诉的，应以不具备"诉的利益"[②] 裁定不予受理/驳回起诉；前诉的请求权因已达目的以外的原

[①] 黄栋培：《民事诉讼法释论》，台湾五南图书出版公司，1982，第444页；王甲乙等：《民事诉讼法新论》，三民书局，1988，第265页；台湾民事诉讼法研究基金会编《民事诉讼法之研讨（三）》，三民书局，1988，第262~263页。转引自张永泉《民事之诉合并研究》，法律出版社，2009，第52~53页。

[②] 诉的利益属于大陆法系民事诉讼要件的范畴，是当事人提起的诉应当具有的法院对诉讼请求进行审判的必要性和实效性。"诉的利益"与"当事（转下页注）

因未能实现，本着有利于权利人的立场，可允许另诉请求审判其他请求权，这与我国请求权的自由竞合说及主流诉讼标的理论也是一致的。但是，立法上可确立对经过阐明仍拒绝利用诉讼合并彻底解决纠纷的原告施加一定程序处罚的规则，比如要求其承担被告另外应诉所支出的合理费用。毕竟当事人曾经有合并诉讼的机会却拒绝适用，给法院和被告都造成一定的资源耗费、成本支出，难谓出于善意。为平衡被告的程序利益，被告有权就是否符合以下另诉的条件，提出程序异议。

1. 拒绝合并审判的原告在前诉获得胜诉后，以在前诉中未选择的请求权再次起诉，提出相同的诉讼请求的，后诉因不具有诉的利益而不应被受理。① 因为原告已经获得权利救济，不应再诉以获取双重给付。前诉判决结果未得到履行的应申请强制执行，不能再以其他请求权起诉。实务中另一种做法是以"当事人相同""案件事实相同"为判断标准②，认为后诉构成"重复起诉"③，裁定不予受理/驳回起诉。其实质也是

(接上页注②)人适格"共同解决何人可以针对什么样的实体权利或利益来实质地利用民事诉讼制度的问题。诉的利益具有权利确认功能和案件过滤功能，近年来为我国实务界重视，为案件受理的审查标准提供了学理支持。参见张卫平《诉的利益：内涵、功用与制度设计》，2017年第4期；〔日〕新堂幸司《新民事诉讼法》，林剑锋译，法律出版社，2008，第175、187页。

① （2019）最高法民申5118号民事裁定书认为：已胜诉的当事人，不具有诉的利益。
② 参见（2003）民四终字第2号民事裁定书、（2011）民再申字第68号民事裁定书、（2018）鲁0785民初5151号民事裁定书。
③ 尽管依《民诉法解释》247条的判断标准，当事人又诉请支持竞合的请求权的，因两案的诉讼标的（法律关系）不同，不宜认定后诉构成重复起诉，司法实务中始终非常重视前后诉中"案件事实"同一性这一标准，很多法院认为再诉相同案件事实的情形"违反一事不再理原则"、属于重复起诉。也有法院依《民诉法解释》247条受理了案件，但在被告人提出抗辩、法院查明案件事实后，判决驳回后诉的诉讼请求。这些裁判在处理请求权竞合的先后诉讼问题上，都遵循了不支持双重给付的基本法理。

认为这种情形下存在起诉的障碍，不具备诉的利益。

2. 拒绝合并审判的原告在前诉获得胜诉后，以其在前诉中未选择的请求权再次起诉，提出与前诉不同的诉讼请求或前诉未支持的诉讼请求，意图补充权利救济要求的，后诉不应被受理。因为原告应当知道自己受到哪些损失，并且有机会作出最佳选择或者请求竞合合并审理，但是却未做以上选择，其应当为自己的处分行为负责，再诉所补充的诉讼请求不具备诉的利益，也属于重复起诉。[①]

3. 原告拒绝合并审判的，其前诉主张的事实得到裁判确认，但由于被告提出的积极抗辩成立而导致法院未支持其诉讼请求的，若依另一请求权可排除相关障碍、获得有利裁判结果，从不苛求当事人充分知法和全面保护权益的角度，允许另行起诉。[②] 这种做法符合请求权竞合之权利保护实质——只有被选择行使的请求权的目的达到，其他请求权才归于消灭。

4. 原告拒绝合并审判的，其前诉因上述 3 之外的原因败诉，事后又以竞合的其他请求权起诉，可以受理后诉，但对原告分别诉讼造成诉讼资源耗费、被告讼累的行为可据情予以程序性处罚，包括要求其承担被告支出的合理诉讼费用等。

5. 因法院未合理行使阐明权，以致缺乏诉讼能力的原告没能提

---

① （2021）最高法民申 3694 号民事裁定书认为后诉因"所补充的诉讼请求不具有独立性"而不应被受理。因为若原告先前选择了一个请求权基础作为审判对象，有关要件事实的主张被确认成立、诉讼请求得到判决支持，则已实现诉的利益，另诉其他请求权即不具备判决的必要性和实效性。

② 比如根据《民法典》188 条，不当得利返还请求权的诉讼时效为 3 年；而根据《民法典》196 条，权利人请求返还不动产不适用诉讼时效。二者发生竞合时，若前诉不当得利返还请求权因超过诉讼时效被驳回的，权利人可考虑以不动产返还请求权再次起诉。

出合并审判的请求的，若原告的诉讼请求未获支持，允许以竞合的其他请求权再诉。

小　结

请求权竞合的实质是原告有权援引有利的法规范，被告没有双重给付义务。实体请求权竞合理论应建立在此基础理念之上，并在诉讼中实现原告权利保护和被告获得公正处遇之间的平衡。对于请求权竞合，若不能在民法、诉讼法学界形成圆融互通的理论共识和解释方法，并应用到司法实务之中，则无法妥善解决请求权个数和如何公正实现的问题。我国司法实务中"择一消灭"为基调的操作既不符合请求权竞合的实质内核，也不能达到彻底解决纷争、防止重复起诉、避免冲突裁判等民事诉讼目标。强化法官的阐明职责，促使当事人提出竞合合并之诉，是解决请求权竞合问题的最佳诉讼方案。但阐明权的行使必须遵守处分权主义，若当事人坚持只诉一个请求权的，亦不能简单剥夺其再诉其他请求权的权利，应根据前诉的裁判结果、阐明权行使情况等作出是否受理后诉、是否对原告作出程序处罚的决定，以平衡原告权利保护与被告公平待遇之利益。

参考文献

一　中文文献

专著

张晋红：《民事之诉研究》，法律出版社，1996。

李龙：《民事诉讼标的理论研究》，法律出版社，2003。

段厚省：《民事诉讼标的论》，中国人民公安大学出版社，2004。

段厚省：《请求权竞合要论——兼及对民法方法论的探讨》，中国法制出版社，2013。

张永泉：《民事之诉合并研究》，法律出版社，2009。

罗筱琦：《民事判决研究：根据与对策》，人民法院出版社，2006。

朱建敏：《民事诉讼请求研究》，武汉大学出版社，2020。

丁宝同：《民事判决既判力研究》，法律出版社，2012。

李宇：《民法总则要义：规范释论与判解集注》，法律出版社，2017。

陈甦主编《民法总则评注》，法律出版社，2017。

梁慧星：《民法总则讲义》，法律出版社，2018。

王利明主编《民法学》，高等教育出版社，2019。

《民法学》编写组：《民法学》，高等教育出版社，2019。

黄茂荣：《债之概念与债务契约》，厦门大学出版社，2014。

黄茂荣《法学方法与现代民法》，法律出版社，2007。

黄茂荣《无因管理与不当得利》，厦门大学出版社，2014。

王泽鉴：《民法思维：请求权基础理论体系》，北京大学出版社，2009。

王泽鉴：《民法总则》，北京大学出版社，2009。

王泽鉴《民法学说与判例研究》，北京大学出版社，2015。

韩世远：《合同法总论》（第三版），法律出版社，2016。

周枏：《罗马法原论》，商务印书馆，2019。

崔建远：《合同责任研究》，吉林大学出版社，1992。

崔建远：《合同法》（第七版），法律出版社，2021。

韩世远：《合同法总论》（第三版），法律出版社，2016。

吴香香：《请求权基础：方法、体系与实例》，北京大学出版社，2021。

杨建华主编《民事诉讼法论文选辑》（下），台湾台南图书出版公司，1984。

杨建华：《民事诉讼法要论》，郑杰夫增订，北京大学出版社，2013。

杨淑文：《民事实体法与程序法争议问题》，中国政法大学出版社，2009。

杨建华主编《民事诉讼法论文选辑》，台湾五南图书出版公司，1984。

陈荣宗、林庆苗：《民事诉讼法》，三民书局，2005。

邱联恭：《口述民事诉讼法讲义（二）》笔记版，许士宦整理，2012。

姜世明：《民事诉讼法基础论》，元照出版社，2011。

姜世明主编《诉讼标的及重复起诉禁止理论之再省思》，新学林出版股份有限公司，2018。

姜世明主编《法官阐明义务及其界限之研究》，新学林出版股份有限公司，2020。

林洲富等：《诉之合并》，元照出版社，2016。

陈刚主编《中国民事诉讼法制百年进程（清末时期·第2卷）》，中国法制出版社，2004。

张卫平：《诉讼构架与程式——民事诉讼那个的法理分析》，清华大学出版社，2000。

张卫平：《民事诉讼：关键词展开》，中国人民大学出版社，2005。

张卫平：《民事诉讼法》（第六版），法律出版社，2023。

柴发邦等：《民事诉讼法通论》，法律出版社，1982。

谭兵主编《民事诉讼法学》，法律出版社，1997。

谭兵、肖建华主编《民事诉讼法学》，法律出版社，2004。

常怡主编《民事诉讼法学》，中国政法大学出版社，2005。

江伟、邵明主编《民事诉讼法学关键问题》，中国人民大学出版社，2010。

江伟、肖建国主编《民事诉讼法》，中国人民大学出版社，2015。

江伟、肖建国主编《民事诉讼法》，中国人民大学出版社，2015。

汤维建：《民事诉讼法学》，北京大学出版社，2008。

李浩：《民事诉讼法学》（第三版），法律出版社，2016。

最高人民法院民事审判第一庭编著《民事诉讼证据司法解释的理解与适用》，中国法制出版社，2002。

最高人民法院民事审判第一庭编著《最高人民法院新民事诉讼证

据规定理解与适用》，人民法院出版社，2020。

全国人大常委会法制工作委员会民法室编著《中华人民共和国民事诉讼法条文说明、立法理由及相关规定》，北京大学出版社，2012。

最高人民法院修改后民事诉讼法贯彻实施工作领导小组编著《最高人民法院民事诉讼法司法解释理解与适用》，人民法院出版社，2015。

最高人民法院民事审判二庭编著《〈全国法院民商事审判工作会议纪要〉理解与适用》，人民法院出版社，2019。

黄薇主编《中华人民共和国民法典释义》，法律出版社，2020。

最高人民法院民法典贯彻实施工作领导小组主编《中华人民共和国民法典人格权编理解与适用》，人民法院出版社，2020。

苏泽林、景汉朝主编，最高人民法院立案一庭、立案二庭编《立案工作指导》（总第30辑），人民法院出版社，2012。

贺荣主编《尊重司法规律与刑事法律适用研究》，人民法院出版社，2016。

汤维建：《美国民事司法制度与民事上诉程序》，中国法制出版社，2001。

李大雪：《德国联邦法院典型判例研究——民事诉讼法篇》，法律出版社，2019。

析出文献

陈荣宗：《民事程序法与诉讼标的理论》，载段厚省《请求权竞合要论——兼及对民法方法论的探讨》，中国法制出版社，2013。

〔日〕兼子一：《实体法与诉讼法》，载张卫平主编《民事程序法研究（第十八辑）》，厦门大学出版社，2017。

译著

〔德〕米夏埃尔·施蒂尔纳:《德国民事诉讼法学文萃》,赵秀举译,中国政法大学出版社,2005。

〔德〕汉斯-约阿希姆·穆泽拉克:《德国民事诉讼法基础教程》(第27版),周翠译,中国政法大学出版社,2005。

〔德〕罗森贝克等:《德国民事诉讼法》,李大雪译,中国法制出版社,2007。

〔德〕卡尔·拉伦茨:《德国民法通论》,王晓晔等译,法律出版社,2013。

〔德〕迪特尔·梅迪库斯:《请求权基础》,陈卫佐等译,法律出版社,2012。

〔德〕迪特尔·梅迪库斯:《德国民法总论》,邵建东译,法律出版社,2013。

〔德〕康拉德·赫尔维格:《诉权与诉的可能性》,任重译,法律出版社,2018。

〔日〕兼子一、竹下守夫:《民事诉讼法》,白禄铉译,法律出版社,1995。

〔日〕高桥宏志:《民事诉讼法——制度与理论的深层分析》,林剑锋译,法律出版社,2003。

〔日〕棚濑孝雄:《纠纷的解决与审判制度》,王亚新译,中国政法大学出版社,2004。

〔日〕新堂幸司:《新民事诉讼法》,林剑锋译,法律出版社,2008。

〔日〕中村宗雄、中村英郎:《诉讼法学方法论——中村民事诉讼理论精要》,陈刚、段文波译,中国法制出版社,2009。

〔日〕伊藤真：《民事诉讼法》（第四版补订版），曹云吉译，北京大学出版社，2019。

〔日〕伊藤滋夫：《要件事实的基础——民事司法裁判结构》，许可、小林正弘译，法律出版社，2022。

〔美〕迈克尔·D.贝勒斯：《法律的原则——一个规范的分析》，张文显译，中国大百科全书出版社，1996。

〔美〕理查德·A.波斯纳：《正义/司法的经济学》，苏力译，中国政法大学出版社，2002。

〔美〕杰克·H.弗兰德泰尔等：《民事诉讼法》，夏登峻等译，中国政法大学出版社，2003。

〔美〕斯蒂文·N·苏本等：《民事诉讼法——原理、实务与运作环境》，傅郁林等译，中国政法大学出版社，2004。

〔美〕约翰·罗尔斯：《正义论》，何怀宏等译，中国社会科学出版社，2009。

〔美〕理查德·D.弗里尔：《美国民事诉讼法》，张利民等译，商务印书馆，2013。

〔苏〕C.H.阿布拉莫夫：《苏维埃民事诉讼法》上册，中国人民大学民法教研室译，中国人民大学出版社，1954。

〔苏〕B.K.普钦斯基：《美国民事诉讼法》，江伟、刘家辉译，法律出版社，1983。

《法国新民事诉讼法典》，罗结珍译，法律出版社，2008。

《德国民事诉讼法》，丁启明译，厦门大学出版社，2016。

《日本民事诉讼法典》，曹云吉译，厦门大学出版社，2017。

期刊

张卫平：《论诉讼标的及识别标准》，《法学研究》1997年第

4 期。

张卫平：《民法典的实施与民事诉讼法的协调和对接》，《中外法学》2020 年第 4 期。

张卫平：《民事案件受理制度的反思与重构》，《法商研究》2015 年第 3 期。

张卫平：《我国民事诉讼法理论的体系构建》，《法商研究》2018 年第 5 期。

张卫平《诉讼请求变更的规制及法理》，《政法论坛》2019 年第 6 期。

张卫平：《诉的利益：内涵、功用与制度设计》，《法学评论》2017 年第 4 期。

金可可：《论温德沙伊德的请求权概念》，《比较法研究》2005 年第 3 期。

王洪亮：《物上请求权的诉权与物权基础》，《比较法研究》2006 年第 5 期

王洪亮：《实体请求权与诉讼请求权之辨——从物权确认请求权谈起》，《法律科学》2009 年第 2 期。

马丁：《罗马法上的"诉"：构造、意义与演变》，《中外法学》2013 年第 3 期。

叶名怡：《〈合同法〉第 122 条（责任竞合）评注》，《法学家》2019 年第 2 期。

金晶：《请求权基础思维：案例研习的法教义学"引擎"》，《政治与法律》2021 年第 3 期。

吴庆宝：《论侵权责任与违约责任竞合的限制》，《法律适用》2002 年第 8 期。

段文波：《请求权竞合论：以诉之选择性合并为归宿》，《现代法学》2010年第5期。

李浩：《走向与实体法紧密联系的民事诉讼法学研究》，《法学研究》2012年第5期。

严仁群：《部分请求之本土路径》，《中国法学》2010年第2期。

严仁群《诉讼标的之本土路径》，《法学研究》2013年第3期。

吴英姿：《诉讼标的理论"内卷化"批判》，《中国法学》2011年第2期。

陈杭平：《"纠纷事件"：美国民事诉讼标的理论探析》，《法学论坛》2017年第6期。

陈杭平：《诉讼标的理论的新范式——"相对化"与我国民事审判实务》，《法学研究》2016年第4期。

曹志勋：《德国诉讼标的实体法说的发展——关注对请求权竞合的程序处理》，《交大法学》2018年第1期。

曹志勋：《德国诉讼标的诉讼法说的传承与发展》，《交大法学》2022年第3期。

苏伟康：《诉讼标的法律关系说及其修正》，《华东政法大学学报》2023年第4期。

李磊：《请求权竞合解决新论——以客观预备合并之诉为解决途径》，《烟台大学学报》（哲学社会科学版）2016年第4期。

赵秀举：《论请求权竞合理论与诉讼标的理论的冲突与协调》，《交大法学》2018年第1期。

崔建远：《中国民法典所设竞合规范论》，《兰州大学学报》（哲学社会科学版）2021年第1期。

王德新：《〈民法典〉中请求权竞合条款实施研究》，《法学杂志》

2021年第5期。

汤维建:《也论民事诉讼中的变更诉讼请求》,《法律科学》1991年第2期。

王亚新:《诉讼程序中的实体形成》,《当代法学》2014年第6期。

曹建军:《民事案由的功能:演变、划分与定位》,《法律科学》2018年第5期。

陈桂明、李仕春:《论诉讼上的抵销》,《法学研究》2005年第5期。

刘哲玮:《论诉讼抵销在中国法上的实现路径》,《现代法学》2019年第1期。

纪格非:《"争点"法律效力的西方样本与中国路径》,《中国法学》2013年第3期。

段文波:《日本重复起诉禁止原则及其类型化析解》,《比较法研究》2014年第5期。

胡军辉:《论离婚判决的既判力及其程序保障》,《法学家》2014年第3期。

林剑锋:《既判力相对性原则在我国制度化的现状与障碍》,《现代法学》2016年第1期。

王亚新、陈晓彤:《前诉裁判对后诉的影响》,《华东政法大学学报》2015年第6期。

陈晓彤:《既判力理论的本土化路径》,《清华法学》2019年第4期。

黄毅:《部分请求论之再检讨》,《中外法学》2014年第2期。

蒲菊花:《部分请求理论的理性分析》,《现代法学》2005年

1 期。

袁琳：《部分请求的类型化及合法性研究》，《当代法学》2017 年第 2 期。

占善刚、刘洋：《部分请求容许性的"同案不同判"及其规则——基于 107 份裁判文书的文本分析》，《华东政法大学学报》2019 年第 2 期。

韩波：《论请求权竞合时诉的客观合并之形态》，《现代法学》2022 年第 1 期。

任重：《我国新诉讼资料释明的反思与重构——以〈九民会议纪要〉与〈新证据规定〉为中心的解读》，《当代法学》2020 年第 5 期。

任重：《论中国民事诉讼的理论共识》，《当代法学》2016 年第 3 期。

任重：《论我国民事诉讼标的与诉讼请求的关系》，《中国法学》2021 年第 2 期。

肖林华：《程序效益视角下客观预备之诉合并的制度设计》，《法律适用》2016 年第 3 期。

刘田玉：《诉之预备合并的比较与借鉴》，《环球法律评论》2004 年第 2 期。

李丽峰、浦欣：《预备合并之诉若干问题研究》，《环球法律评论》2012 年第 3 期。

王晓玲：《客观预备合并之诉的本土构建》，《西华师范大学学报》（哲学社会科学版）2018 年第 1 期。

李静：《不当得利纠纷与合同纠纷的重复起诉规制》，《中国社会科学院大学学报》2019 年第 5 期。

韩波：《论请求权竞合时诉的客观合并之形态》，《现代法学》

2022 年第 1 期。

许士宦:《诉之变更、追加与阐明》,《台大法学论丛》第 32 卷第 3 期。

刘明生:《客观诉之变更与追加》,《月旦法学杂志》2011 年第 6 期。

学位论文

李磊:《客观预备合并之诉研究》,博士学位论文,西南政法大学,2014。

熊利:《诉的客观预备合并研究》,硕士学位论文,中国社会科学院大学,2022。

二 外文文献

Marcus, Richard L., *Civil Procedure, A Modern Approach*, West Academic Publishing, 2018.

Dodson, Scott, *Civil Procedure: Model Problems and Outstanding Answers*, Oxford University Press, 2012.

《判例六法》,有斐阁,2006。

图书在版编目（CIP）数据

民事诉讼客观合并研究 / 李静著 . -- 北京：社会科学文献出版社，2024.12. -- （中国社会科学院大学文库）. -- ISBN 978-7-5228-4667-5

Ⅰ．D925.104

中国国家版本馆 CIP 数据核字第 20245JN416 号

·中国社会科学院大学文库·
民事诉讼客观合并研究

著　　者 / 李　静

出 版 人 / 冀祥德
责任编辑 / 高　媛
责任印制 / 王京美

出　　版 / 社会科学文献出版社·法治分社（010）59367161
　　　　　 地址：北京市北三环中路甲 29 号院华龙大厦　邮编：100029
　　　　　 网址：www.ssap.com.cn
发　　行 / 社会科学文献出版社（010）59367028
印　　装 / 三河市龙林印务有限公司
规　　格 / 开　本：787mm×1092mm　1/16
　　　　　 印　张：14　字　数：175 千字
版　　次 / 2024 年 12 月第 1 版　2024 年 12 月第 1 次印刷
书　　号 / ISBN 978-7-5228-4667-5
定　　价 / 79.00 元

读者服务电话：4008918866

▲ 版权所有 翻印必究